一、阅读成果展板

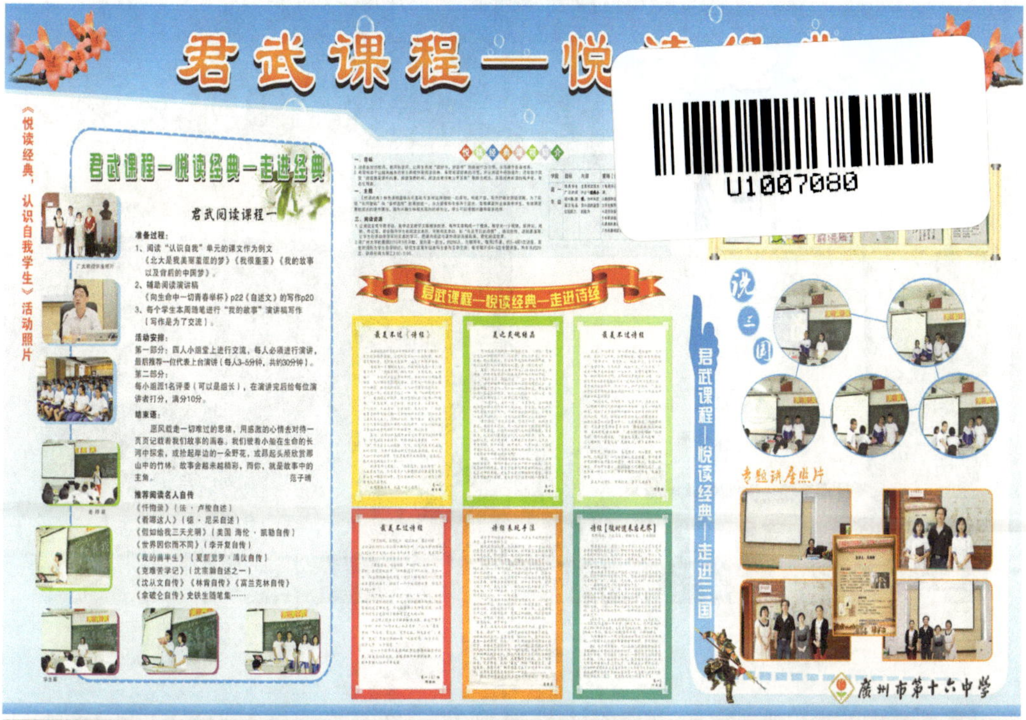

君武课程—悦
《悦读经典，认识自我学生》活动照片
君武课程—悦读经典—走进经典
君武阅读课程一
准备过程：
1、阅读"认识自我"单元的课文作为例文
《北大是我美丽羞涩的梦》《我很重要》《我的故事以及背后的中国梦》。
2、辅助阅读演讲稿
《向生命中一切青春举杯》p22《自述文》的写作p20
3、每个学生本周随笔进行"我的故事"演讲稿写作（写作是为了交流）。
活动安排：
第一部分：四人小组堂上进行交流，每人必须进行演讲，最后推荐一位代表上台演讲（每人3-5分钟，共约30分钟）。
第二部分：
每小组派1名评委（可以是组长），在演讲完后给每位演讲者打分，满分10分。
结束语：
推荐阅读名人自传
《忏悔录》（法·卢梭自述）
《看哪这人》（德·尼采自述）
《假如给我三天光明》（美国 海伦·凯勒自传）
《世界因你而不同》（李开复自传）
《我的前半生》（爱新觉罗·溥仪自传）
《沈从文自传》《林肯自传》《富兰克林自传》
君武课程—悦读经典—走进诗经
君武课程—悦读经典—走进三国
说三国
专题讲座照片
广州市第十六中学

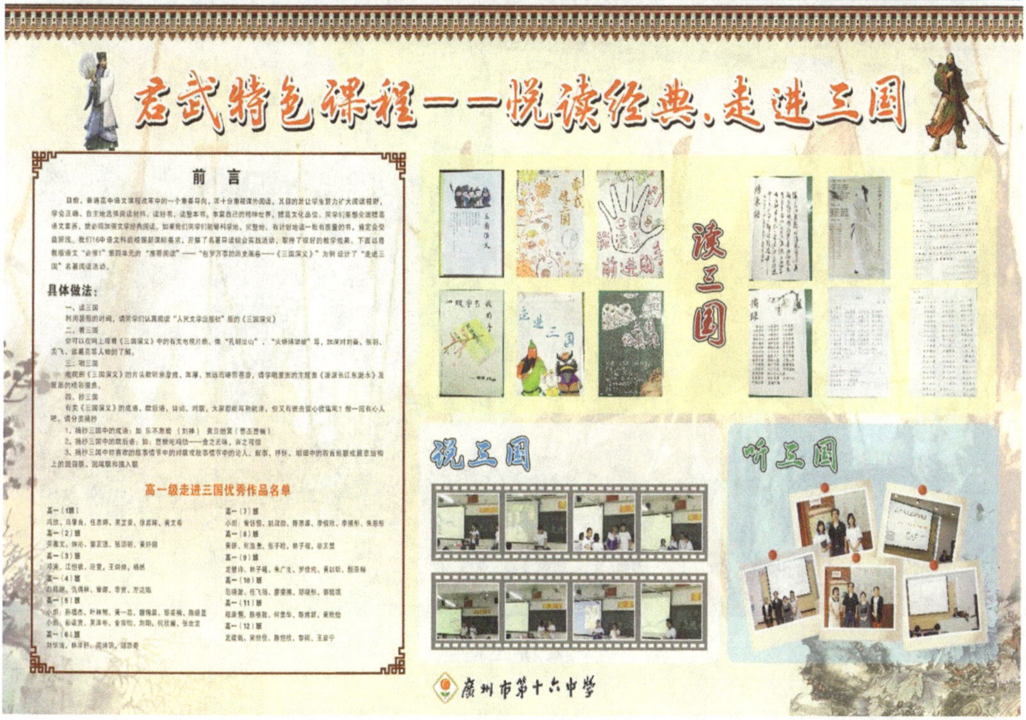

君武特色课程——悦读经典，走进三国
前言
具体做法：
读三国
说三国
听三国
高一级走进三国优秀作品名单
广州市第十六中学

二、学生阅读活动

▲唱三国

▲说三国

◀共读《呐喊》

学生推荐书《牛奶可乐经济学》▶

◀学生推荐书《伽利略的手指》

▲《红楼梦》宝玉挨打剧照

▲《孔雀东南飞》剧照

◀《史记·荆轲刺秦王》剧照

▲《围城》剧照

三、老师分享照片

▲梁秋燕老师向全市老师进行分享

四、学生作品集

◀《古韵流芳》作品集封面

《最美不过诗经》作品集封面▶

五、校本课程

▲活动践真

▲书卷品真

六、公众号图片

◀建立了十六经典悦读公众号

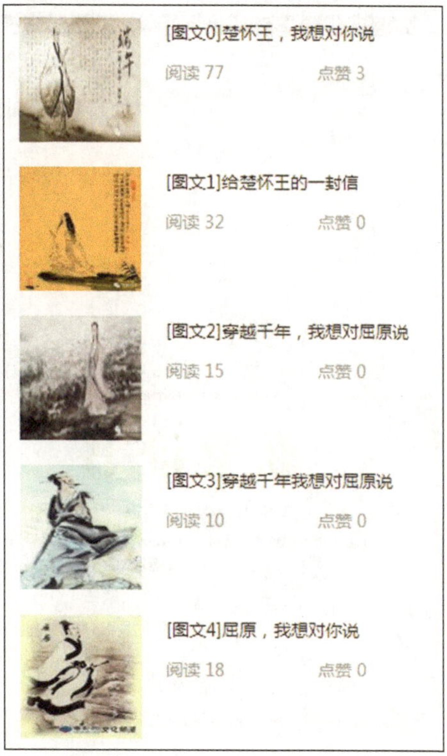

学生作品在微信
公众账号发表▶

七、老师获奖证书

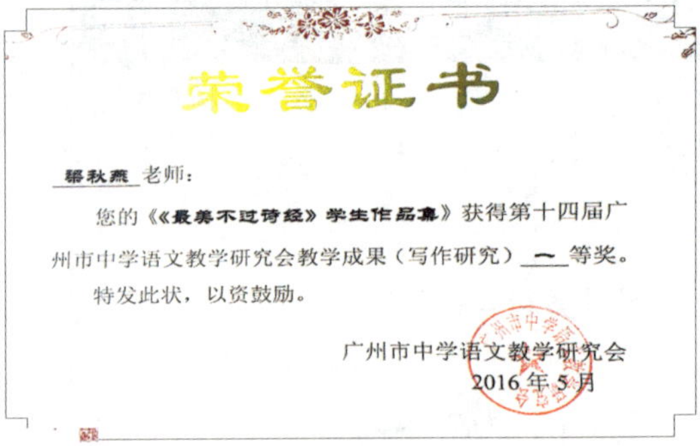

荣誉证书

黎秋燕老师：

您的《《最美不过诗经》学生作品集》获得第十四届广州市中学语文教学研究会教学成果（写作研究）一等奖。

特发此状，以资鼓励。

广州市中学语文教学研究会

2016年5月

获奖证书

刘虹 张迎老师积极参与2017年广州市高中语文名著阅读（师生同读书）活动，其教学活动方案（阅读篇目：《李鸿章传》）在本次活动中荣获一等奖。

特颁此奖，以资鼓励。

广州市教育研究院

2017年8月25日

获奖证书

张迎春老师积极参与2017年广州市高中语文名著阅读（师生同读书）活动，其教学活动方案（阅读篇目：《大数据时代》）在本次活动中荣获一等奖。

特颁此奖，以资鼓励。

广州市教育研究院

2017年8月25日

获奖证书

梁秋莲老师积极参与2016年广州市高中语文名著阅读（师生同读书）活动，其教学活动方案（阅读篇目：寂静的春天）在本次活动中荣获一等奖。

特颁此奖，以资鼓励。

广州市教育研究院

2016年8月25日

八、学生获奖证书

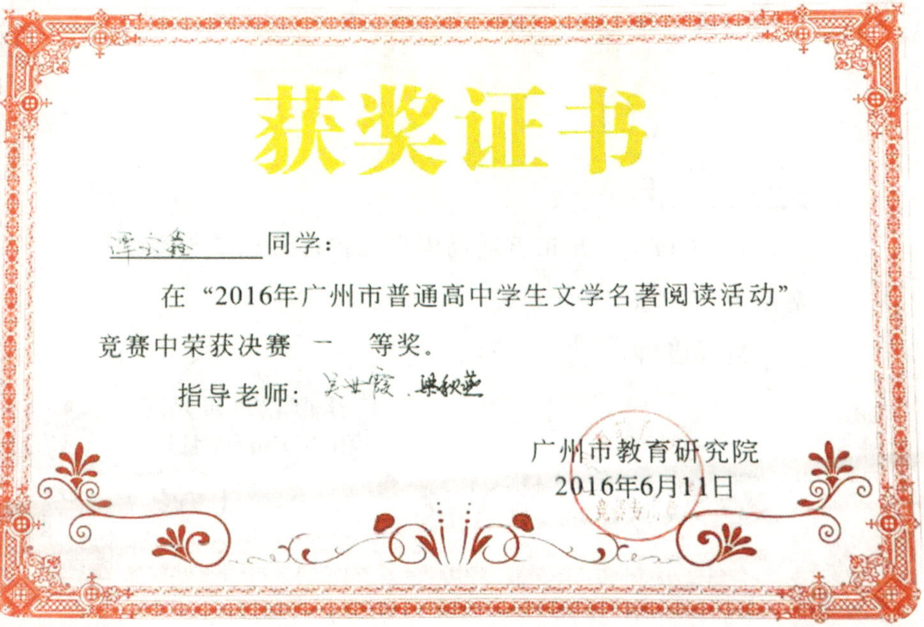

获奖证书

谭宗鑫 同学：

在“2016年广州市普通高中学生文学名著阅读活动”竞赛中荣获决赛 一 等奖。

指导老师：吴世霞、梁秋燕

广州市教育研究院

2016年6月11日

获奖证书

李欣[illegible] 同学：

在“2017年广州市普通高中学生古诗文积累与阅读”竞赛决赛中荣获 一 等奖。

指导老师：梁秋燕

广州市教育研究院

2017年6月24日

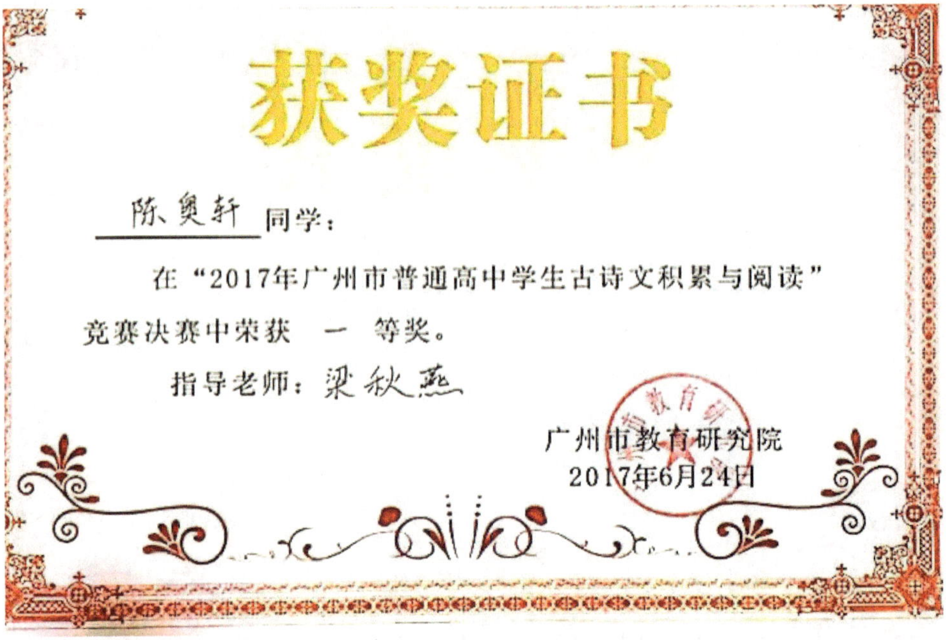

获奖证书

陈奥轩 同学：

在“2017年广州市普通高中学生古诗文积累与阅读”竞赛决赛中荣获 一 等奖。

指导老师：梁秋燕

广州市教育研究院

2017年6月24日

九、讲座图片

◀《围城》讲座

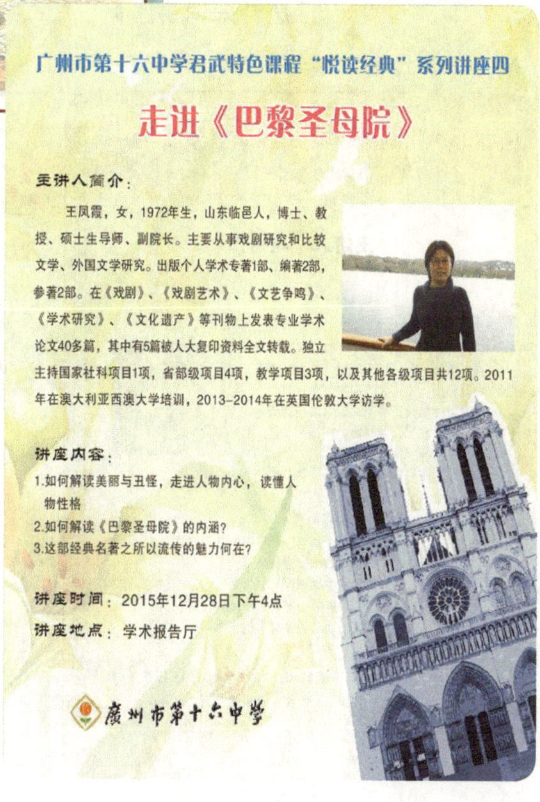

▶走进《巴黎圣母院》讲座

◀走进《瓦尔登湖》

唐诗宋词讲座▶

◀《三国演义》讲座

十、参会与专家合影

▲课题组合照

▲与蔡可教授合照

与吴泓合照▶

◀与余党绪合照

与肖培东合照▶

广州市教育科学规划2016年度课题“高中阶段学生经典阅读的序列化研究”（立项编号：1201544153）成果集

广东省教育科研“十三五”规划2017年度研究教育科研重点项目《基于语文核心素养的高中学生整本书阅读指导策略研究》子课题成果集（课题编号：2017ZQJK003）

广州市中小学、中等职业学校第十七届特约教研员课题《高中阶段整本书阅读的序列化研究》成果集

经典悦读序列化实施手册

梁秋燕　编著

知识产权出版社
全国百佳图书出版单位

图书在版编目（CIP）数据

经典悦读序列化实施手册 / 梁秋燕编著 . —北京：知识产权出版社，2019.3
ISBN 978-7-5130-6137-7

Ⅰ . ①经… Ⅱ . ①梁… Ⅲ . ①读书笔记—中国—现代 Ⅳ . ① G792

中国版本图书馆 CIP 数据核字（2019）第 040723 号

内容提要

本书创新性地把高中三年看做一个有序化的整体，按学生的智力水平和心理发展阶段，尝试建立高中生三年经典阅读指导的策略系统，不同的年级侧重不同的文体，逐年延伸。同时结合 2017 版语文新课标提出“学习任务群”的概念以及“活动式”学习方式的改变，经过高中三个年级近三年的研究实践，整理出了 13 个实践案例。本书适合于一线老师作为教学参考，有较强的可操作性。

责任编辑：李　娟　　　　**责任印制**：孙婷婷

经典悦读序列化实施手册
JINGDIAN YUEDU XULIEHUA SHISHI SHOUCE
梁秋燕　编著

出版发行：知识产权出版社有限责任公司	网　　址：http：//www.ipph.cn
电　　话：010-82004826	http：//www.laichushu.com
社　　址：北京市海淀区气象路 50 号院	邮　　编：100081
责编电话：010-82000860 转 8363	责编邮箱：laichushu@cnipr.com
发行电话：010-82000860 转 8101	发行传真：010-82000893
印　　刷：北京建宏印刷有限公司	经　　销：各大网上书店、新华书店及相关专业书店
开　　本：787mm × 1092mm　1/16	印　　张：20
版　　次：2019 年 3 月第 1 版	印　　次：2019 年 3 月第 1 次印刷
字　　数：235 千字	定　　价：68.00 元

ISBN 978-7-5130-6137-7

自序：因为热爱，所以用心

——我的语文教学之路回顾

回顾我 15 年的从教之路，许多光荣的时刻不断给予我专业成长的动力：2007 年获越秀区基础教育系统首批“教坛新秀”称号；2009 年获广州市中学语文教学研究会授予“广州市中学优秀青年语文教师”称号；2012 年被广州市教育局评为广州市优秀中小学班主任；2012 年 11 月经评审通过具备中学语文高级教师资格，并成为学校最年轻的高级教师；2014 年成为广州市基础教育系统新一轮“百千万人才培养工程”第二批名教师培养对象；2016 年 12 月被广州市教育研究院聘为广州市第十七届中小学特约教研员；2018 年获广州市越秀区第 6 批“名教师”光荣称号；先后带出 2012 届学校理科状元，2015 届学校文科状元等。这些荣誉源于我一直以来对语文学科的热爱，对教学工作的用心。

一、语文需要“热爱”——我的学科观

语文是什么，最好的解释莫过于《普通高中语文课程标准》(2017年版)，开篇就明确指出:语文课程是一门学习祖国语言文字运用的综合性、实践性课程。工具性与人文性统一，是语文课程的基本特点。

抛开关于“语文”的理论，我对“语文”的认识最早源于一位德高望重的前辈：杨一经老师。他曾说：相对于其他学科而言，语文教学看似容易实则难教，更需要广大一线语文教师多花心思，把握住我们的阵地——课堂。让学生乐在其中，收获在其中，并自觉延伸到课堂之外，这才是语文对学生一辈子的长远影响。

让学生“热爱”语文，这是语文的人文性。

另外一位语文教学泰斗式的人物温儒敏教授对“语文”的许多看法对我颇有启迪：“语文”是个比较难界定、比较难说清楚的词，从功能上看，“语文”是专门为未成年的中小学生开设的课程；而从语文课程的功能层次上来看，温老师特别强调培养学生的语言文字运用能力是语文课程最基本的功能，目前高中语文核心素养中提到的思维能力、审美能力、文化传承能力都是以语言文字运用能力为基础的，语文课程之于这四大能力的培养是有主次之分的，要坚持“一带三”，并认为对语文课程功能的认识应从语文教学的实际出发，达成最基本的共识，而不要陷入无休止的语文本质论之争中。

培养学生语言文字能力，提高学生的思维等能力，这是语文的工具性。

因此，我一直以来语文教学追求是：首先让学生喜欢语文课，让学生在轻松愉快的过程中学习。其次我坚持的原则是：语文最重要的是对学生思维的培

养。语文教师应致力实施有效的课堂教学，努力打造“亲切轻松”的个人教学风格。同时始终把学生的“学”放在首位，把学生的体验放在教学的核心位置上，不应强求“齐头并进”，更不应“唯分数是论”，让语文课堂教学回归学生的生活世界，让语文课堂充满人文关怀。

二、语文需要“用心+钻研”——我的教学观

《普通高中语文课程标准》（2017 年版）关于语文基本理念中有一点我特别赞同，并且一直付诸实践的：加强实践性，促进语文学生学习方式的转变。我在语文教学一直努力践行着三个维度：任务情境化，教学活动化，课程系列化。

（一）任务情境化

回归真实生活创设活动首先要做到创设真正有意义的情境。何为真正有意义的情境呢？那就是创设的情境能够有效增加学生学习活动的生动性、趣味性、直观性、情感性。其次要做到问题真实有效。情境问题要能有效增强学生学习活动的思维性、深刻性、批判性。

具体做法可以重视从学生的已知部分导入，联系生活。因为传播一个新观念，从受者原有的需求出发加以引导，比重新创造一种新的需求的传播效果好。譬如在校庆给母校写三行情书，譬如给父辈长辈立传，譬如写演讲稿参加演讲比赛，譬如全年级进行戏剧节，演绎经典人物……我提倡语文教学要回归真实的生活，

让阅读与生活紧密结合在一起，目的是以浸入式的阅读塑造阅读方式、整体思维与问题探究，促进学生的深度阅读。

（二）教学活动化

1. 以活动之“真”促阅读之“深”

早在2007年，我就跟着语文科组长刘虹老师进行活动教学的探索与实践，在十多年的努力中，总结了一些宝贵的经验和实践案例。阅读不应只是“看书”，需要更丰富的“活动方式”，如演说、辩论、故事会、黑板报、比较阅读、主题研究、调研、访谈、文学期刊、社团组织、网络协同学习……最终达到“获取、加工、传递信息”的深阅读效果。这里的活动，不是一个单一的言语行为，而是一个整体的、综合的、能引发学生多种语文学习行为的、有关程序性知识的建议。

从教师角度看，这样的活动设计能够避免传统阅读教学中教师大量讲解分析的教学替代学生自主阅读活动的方式；从学生的角度来讲，构建真实的情境和问题，才是进行阅读的真正认知路径，促进其经验和思维、情感的参与。

我在阅读方面的经验也得到广州市同行的广泛认可：学生多次在广州市名著阅读大赛中获一等奖；在2015年成为广州市首批中小学阅读种子教师培养对象；2016年成功申报广州市教育局课题《高中阶段学生经典阅读的序列化研究》；2016年活动方案“寂静的春天”在2016年广州市高中名著阅读活动中获得一等奖；2016年4月还在广州市高一教研会上进行“让悦读流行起来”

的经验分享；《基于项目学习的高中阶段经典阅读教学》发表在《广东教育》2018年第4期。

2. 以活动之“趣”促写作之“真”

如何让学生不害怕写作，最好的选择无疑是“激趣”，我一直重视写作研究，让写作变得真实而有趣，表1是一个写作活动。

表1 读写结合活动举例

主题“求真”	写作任务	阅读内容
倾听圣贤之真知	最美不过诗经	《诗经》
	穿越千年，屈原我想对你说	《楚辞》
	写给楚怀王的一封信	
	爱上苏轼	《苏东坡突围》《苏轼传》
品论艺术之真实	×××，我想对你说	《三国演义》
剖析社会之真态	智者的幽默	《围城》
	我眼中的鲁迅	《呐喊》
解读人性之真美	给翠翠的故事写个结局	《边城》
还原生活之真貌	我的故事	名人传记阅读（自传、他传）
	为祖辈立传	
	将经典片段改写成剧本	本学期读过的篇目（课内外）

我努力将实践转变为成果：2012年，区教育科学“十二五”规划课题立项，和刘虹老师一起成功申报了课题“利用综合性实践活动促进高中作文教学的系列研究”，2015年结题并获得专项经费资助；2014年《以写带读，任务驱动》

获广州市中学语文教学研究会第十三届年会教学成果评比三等奖并宣读，发表在《广州教研》第529期；论文《程序化模式在作文讲评课中的有效运用》在广州教育学会论文评比中获一等奖并宣读，发表在《新课程（中学）》2012年第11期；《“三自”理念下的作文讲评》发表于2014年10月《师道·教研》；2016年5月在广州市写作年会上作了《让写作有趣起来》的专题讲座，均得到市教研室以及广大教师的高度认可；2011年9月上全市公开课“我手写我思——高三作文指导课”，2015年公开课“我手写我思——柴静教你写作文”获得了“一师一优课”的市级优课。

多次指导学生参加写作竞赛并获奖，共有9项，其中有2013年广州市高中活动写作征文教师指导一等奖，第十四届广州市中学语文教学研究会教学成果（写作研究）一等奖，2010年广州亚运会、亚残运会亚运小记者团优秀指导老师等；共有15名学生文章发表在《羊城晚报》《广州日报》上。

（三）课程序列化

普通高中语文课程应具有相对稳定的结构和富有弹性的实施机制，教师可创造性地开发语文课程。

我在校本课程方面也作了一系列实践研究：2015年，带领备课组老师积极完成了学校君武阅读课程的前期设计、中期实施、后期总结等较艰巨的任务，为学校成功申报特色学校作出了重要贡献。其中主要工作包括：每周专修课程与隔周普修课程的课时和内容设计；积极联系大学教授，先后共开展了6次专题讲座；开设“我爱阅读”微信公众账号并不断更新；围绕“至真”

开展了一系列悦读活动，如在全年级开展了“悦读经典，表现真我”的戏剧展演活动等。

努力成为教研型教师是我一直努力的方向。2016 年被广州市教研院聘为广州市第十七届中小学特约教研员。从 2011 学年至今一直担任广州市语文科中心组成员，积极参与广州市调研考，广州一模、广州市二模等大型考试的出题以及批改小结工作，曾负责了广州市教研信息的编辑工作。2012 年和 2015 年的高考语文试题分析分别发表在《语文月刊》2012 年第 9 期和 2015 年第 9 期。

2016 年 12 月受华南师范大学教育学院“广东田家炳中学改进计划”项目邀请到英德市田家炳中学进行《小组合作学习》专题报告；2017 年 4 月受华南师范大学教育学院“广东田家炳中学改进计划”项目邀请到英德市田家炳中学进行课例展示；2017 年 6 月到广州白云 80 中进行《珠联璧合觅佳趣》示范观摩课；微课还获得越秀区第二届微课比赛一等奖，广佛肇微课竞赛三等奖。

三、语文需要“温暖”——我的学生观

尊重学生，相信学生，可以说是我教学风格最直接的体现。从教以来我重视对学生语文习惯的培养，重视学生语文兴趣的激发。努力给学生搭建舞台，他们也往往会还你意想不到的惊喜。

其实，我偶尔也会问自己，是什么，让我没有选择放弃这份看似不断重复的

工作呢？我想，是我的学生！他们一次又一次地让我印证了我存在的价值，一次又一次在我毫无准备下被他们所温暖。也许没有哪一份职业能与教师相比，每每回忆起来，总能感觉到走过的每一年，每一个月，每一天，都是极其有意义。只有自己感觉真的温暖了，才能让学生拥有温暖的语文学习。以下选取一些来自他人的评价：

评价一：从 2004 年开始，因为一堂公开课，我对梁秋燕这个青年教师有了深刻印象。在公开课上，她合理安排上课流程，重点突出，极大地调动学生的积极性，努力将课堂上出实效性，也愿意将充足的思考时间和表达时间留给学生，整一节课下来，感觉是在热闹中有思考，在思考中有收获。由此可见她对课堂教学是花了心思的，也是有研究的。之后，我一路见证了这个青年老师在不断成长，历经从初中到高中的大循环，从取得区教坛新秀光荣称号，到广州市优秀青年语文教师的称号。相对于其他学科而言，语文教学看似容易实则难教，更需要广大一线语文教师多花心思，把握住我们的阵地——课堂。让学生乐在其中，收获在其中，并自觉延伸到课堂之外，这才是语文对学生一辈子的长足影响。

——摘自杨一经老师 2012 年为我的专著《走进传播学》写的序

评价二：高三课，有很多亮点：① 集体谋划，思考深入，备课认真。② 立足于思维的提升，进行大考点备考，力求打通，选点准确，特别是梁秋燕老师的导入，有明确的学情数据支撑。③ 有对学情个性化的处理，目标明确。④ 讲练结合，推进有章法。⑤ 课堂生态好，师生互动，教师把握，学生参与等均较好。最突出的是梁秋燕老师的课，课堂结构有序，导入基于学情，有优生的具体答题分析，能通过学生活动进行切分、指导，并努力在“审”和“答”之中建立关联。

——摘自2018年4月18日督导课市教研院王惠老师的评课

评价三：这是一堂比较成功的作文课，学生的反应积极，说得深刻，有很多闪光的点，学生也能真实地表达自己的想法。这堂课的理念很新，给很多老师带来了启示，颠覆了一些常规的作文课的上课方式，带来了比较强烈的震撼。全课构思新颖，思路清晰，要点突出，学生有所收获，尤其是10分钟内成文，写成片段，是一个很重要的训练方式，一课一得更是对全文的总结。

——摘自2011年市公开课市教研院唐吉民老师的评课

评价四：光阴易逝，自从您接管我们班以来，已经不知不觉地过了一个学期了。记得当时陈老师因身体原因要回家休养。您也算是临危受命，在仓促的情况下接下二班。虽然在见面之前，早已听说过您的各种“威名”，但真正相处后很多东西却在我的意料之外。相比陈老师的严肃、一丝不苟，您更多的是以情理使我们信服，用温和的方式让我们遵守规定。在互相磨合的时候您没有点燃新官上任的“三把火”，而是充分地尊重我们的习惯，在做重大决定之前，您都会尽可能地考虑大家的意见。这种民主、和谐的师生关系为我们营造了一个相对较为轻松舒适的学习环境。

在教学中善于对考试热点进行把握的您总能涌现出各种“想法”。虽然这些“想法”一度成为同学们调侃的话题，但毋庸置疑的是，当这些“想法”被付诸行动后对我们的帮助必然是巨大的。像时评演讲、素材积累这些工作，对我们的帮助远不止高考提分。当大家在对新闻进行筛选和整理时，我们对资料的整合能力也在不知不觉中得到了提升，这无疑是令我们终身受益的。虽然您对我们的成绩十分重视，但不会因为成绩的好坏来判定学生的优劣。

上学期的一次大考，我的成绩下滑得十分严重，排名也去到班里的倒数。然而，您并没有因此否定我的学习成果，而是不厌其烦地纠正我的学习方法和学习态度,并为我制订了进步100名的“小目标”。很遗憾,由于各种各样的原因,您无法再担任我们的班主任了，但我还是会像以前一样认真地对待语文的学习。

——节选自2018届学生李文源的信《见字如面，感念师恩》

感谢缘分，让我参与了学生的成长，

感谢学生，同时也见证着我的成长，

我们一起让走过的岁月，留下了温暖的足迹，

做温暖的教育，我一直在路上！

梁秋燕

广州市第十六中学

目　录

一、阅读策略

二、阅读案例

三、阅读成果

附录

一、阅读策略

让经典阅读有序可依

广州市第十六中学　梁秋燕

本文有别于以往以零散的或单篇教学为主的研究，无法连接成一个有机的整体，另辟蹊径，借鉴国外比较完善科学的分级阅读经验，尝试把高中三年的阅读看作一个有序化的整体，按学生的智力水平发展不同阶段，初步建立了高中生三年经典阅读指导的体系：一是初步为高中阶段经典阅读的开展设置了序列化目标；二是初步整理了高中阶段经典阅读的内容类别的纵向化序列；三是初步总结了高中阶段经典阅读开展策略的共通性横向序列；四是初步建立起高中阶段经典阅读序列化的评价量表。

一、问题的提出

（一）社会对中学生阅读能力的要求日益提升

在新时代背景下，社会环境和文化语境对传统语文教育尤其是阅读教学提出了前所未有的历史性挑战。语文教育要勇敢地面对这一挑战，就必然要回归到那些积淀了人类思想精髓和民族文化精华的经典文本之中。

新课程理念下的高考，越来越重视对学生阅读能力的考查。2014 年 9 月，习近平在北京师范大学考察时说："我很不赞成把古代经典诗词和散文从课本中去掉，'去中国化'是很悲哀的。应该把这些经典嵌在学生脑子里，成为中华民族文化的基因。"2015 年暑假，广州市教育局与北京大学语文教育研究所联手，全面启动了广州市中小学阅读种子教师的培养项目，并于 11 月 20 日隆重举行了广州市中小学经典阅读推荐书目发布会，大力倡导中小学对经典阅读的重视。

（二）适应新课标理念的转变需求

根据调查数据显示，学生喜欢肤浅平庸的快餐式阅读，阅读的内容主要集中在三类：校园青春类作品；时尚休闲类作品；学习考试类作品。读经典如吞苦药的阅读状态日益让人堪忧。

根据调查得出以下数据：有阅读经典名著的习惯的学生占 63.2%，没有阅读经典名著的习惯的学生占 36.8%；每周阅读经典名著的时间 15 个小时以上的学生占 4.17%，10~15 个小时的学生占 4.17%，5~10 个小时的学生占 33.33%，小于 5 个小时的学生占 58.33%，如图 1、图 2 所示。

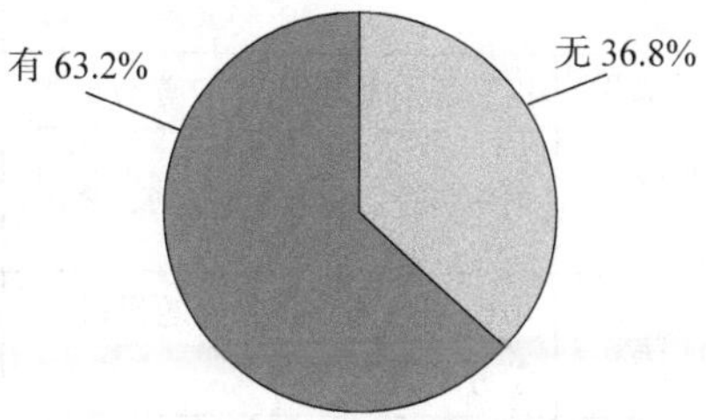

图 1　是否有阅读经典名著的习惯

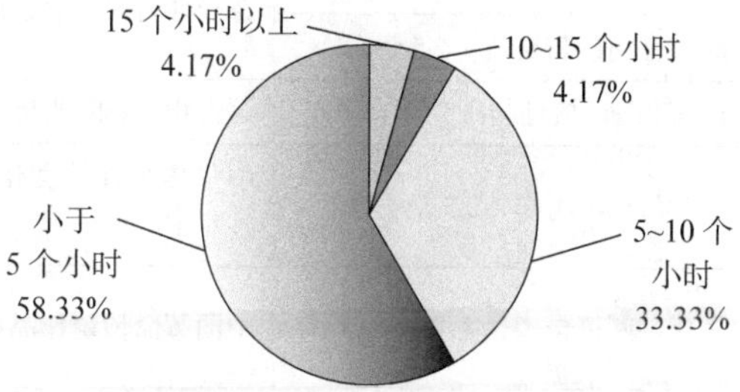

图 2　每周阅读经典名著的时间

针对此现状，2017 年出版的高中语文新课标强化了经典阅读教学的重要性，指出了读经典、读名著将成为学生阅读的新常态。

过去受教学环节的制约，语文阅读教学越来越呈现出“碎片化、快餐化、刷题化”的倾向。随着高中语文课标的出台，语文核心素养备受关注，2017 年版《普通高中语文课程标准》中有多达 21 处提到了“经典阅读”，如“文学阅读与写作”任务群指出“引导学生制定阅读计划，并要求阅读一定数量的经典文学作品”；“中华传统文化经典研习”任务群旨在引导学生通过阅读中华传统文化经典作品，积累文言阅读经验，培养民族审美趣味，增进对中华优秀传统文化的理解，提升对中华民族文化的认同感、自豪感，增强文化自信，更好地继承和弘扬中华优秀传统文化；“外国作家作品研习”任务群旨在引导学生研习外国文学名著名篇，了解若干国家和民族不同时期的社会文化面貌，感受人类精神世界的丰富，培养阅读外国经典作品的兴趣和开放的文化心态。如表 2 所示。

表 2　普通高中语文课程结构及学分

<table>
<tr><th>必修（8 学分）</th><th>选择性必修（6 学分）</th><th>选修（任选）</th></tr>
<tr><td>整本书阅读与研讨（1 学分）</td><td colspan="2" rowspan="3">“整本书阅读与研讨”、“当代文化参与”、“跨媒介阅读与交流”在选择性必修和选修阶段不设学分，穿插在其他学习任务群中。</td></tr>
<tr><td>当代文化参与（0.5 学分）</td></tr>
<tr><td>跨媒介阅读与交流（0.5 学分）</td></tr>
<tr><td>语言积累、梳理与研究（1 学分）</td><td>语言积累、梳理与研究（1 学分）</td><td>汉字汉语专题研讨（2 学分）</td></tr>
<tr><td>文学阅读与写作（2.5 学分）</td><td>中华传统优秀文化经典研习（2 学分）</td><td>中华传统文化专题研讨（2 学分）</td></tr>
<tr><td>思辨性阅读与表达（1.5 学分）</td><td>中国革命传统作品研习（1 学分）</td><td>中国革命传统作品专题研讨（2 学分）</td></tr>
<tr><td rowspan="3">实用性阅读与交流（1 学分）</td><td>中国现当代作家作品研习（0.5 学分）</td><td>中国现当代作家作品专题研讨(2 学分）</td></tr>
<tr><td>外国作家作品研习（1 学分）</td><td>跨文化专题研讨（2 学分）</td></tr>
<tr><td>科学与文化论著研习（1 学分）</td><td>学术论著专题研讨（2 学分）</td></tr>
</table>

高中生是基础教育阶段中社会化程度最高的学生群体。他们通过多种渠道对社会有了更多的接触和了解，并开始形成自己独立的思考。对于阅读材料中许多内容深刻的文学作品也可以很好地理解。处在这个人生观世界观价值观形成的关键时期，中学语文阅读教学应该义无反顾的担负起引领学生走向正确的人生道路的使命。基于此，如何有效地发掘阅读经典魅力，从而激发学生的阅读兴趣，提升阅读素养，涵养人文精神，这已成为语文教师教学实践探索中的一个重点。

（三）阅读应该走课程化、序列化的方向

在 2017 版新课标中明确提出：注重时代性，构建开放、多样、有序的语文课程。普通高中语文课程应适应社会对人才的多样化需求和学生对语文教育的不同期待，精选学习内容，变革学习方式，确保全体学生都获得必备的语文素养；帮助学生认识自己语文学习的已有基础、发展需求和方向，激发学习兴趣和潜能，在跨文化、跨媒介的语文实践中开阔视野，在更宽广的选择空间发展各自的语文特长和个性。

据访谈和调查反馈，不少学生有不知道什么时候该读什么经典的困惑；不少老师会存在想教哪篇经典就教哪篇的随意性；由此可见高中阶段分年段经典阅读研究十分必要[1]，高中生需要通过分年段经典阅读循序渐进地促进思维和语言的发展，丰富语言素养，为自身个性能力的全面发展打下良好基础。因此有针对系统地研究经典在高中阶段如何进行有序化操作的研究是有很现实的研究价值。对于“选择经典阅读篇目时是否有一定的顺序”这一问题，根据调查得出，63.16% 学生的回答是“没有，随心所欲”，36.84% 学生的回答是“有一定的阅读顺序”。如图 3 所示。

---

[1] 刘坤. 白城一中分年段经典拓展阅读的现状调查与分析 [D]. 延吉：延边大学，2016.

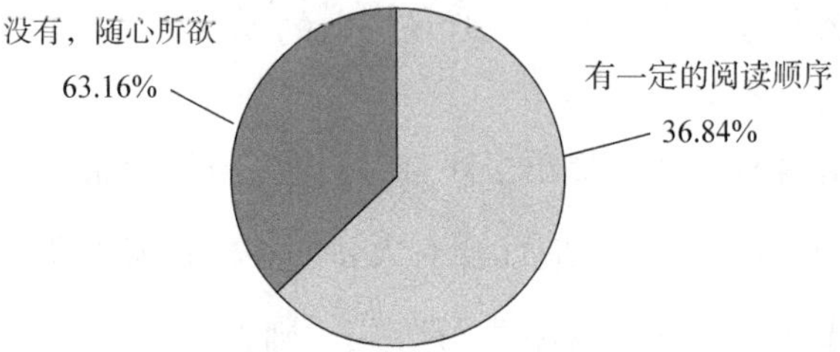

图 3 选择经典阅读篇目时是否有一定顺序

二、文献综述

笔者在中国知网上，围绕主题词“经典阅读”和“高中”，对 2004 年至 2018 年的文献进行搜索，发现共有 169 篇文献，证明该领域的研究还有巨大的研究空间。

（一）以单篇教学为主，系统性研究不多

尽管很多一线教师或一些教育研究者精心于教学方法、教学模式的变革，但是在经典阅读与教学方面的研究鲜见系统性和针对性，尤其是从教学实践的角度审视经典阅读在高中语文教育中被淡化问题的文献更是很少发现。不少研究仅停留在对指定的某些阅读篇目进行剖析、研究，缺乏紧贴教材、联系生活的课内到课外的辐射型延伸阅读；还有不少研究多从学生阅读积极性的调动及阅读活动的策划上寻求突破，很少研究如何切实有效的推广和落实，阅读形式的花样翻新，并不能弥补阅读过程的指导及阅读效果的落实等方面的不足。大

量的研究都集中在几堂阅读指导课，是零散的，单独的，无法连接成一个有机的整体，更无法贯穿学生三年的高中生活。而且研究对象基本以初中小学学段为主。

（二）能关注到“高中阶段”“序列化实践”的研究还很少

经典阅读已经受到不少学校和老师的关注，目前已经发表了不少关于如何开展的策略研究，也有如“教材化”“整合”等文献研究，但经典阅读不能只是一周或者一本书，应该是一个可持续的长期的实施过程，这个过程应该如何推进，如何针对学生不同年级不同的心智发展进行有序推进，在现有的搜索结果下键入“有序”“序列化”“分层”，结果均为0，能针对不同年级不同学生特点有序列化实施经典阅读的策略研究几乎没有。

另外，国内分级阅读研究基本集中在小学阶段，2009年，南方分级阅读研究机构最先推出了分级阅读内容选择和阅读水平评价的标准，具有十分重要的参考价值，标志着国内分级阅读研究再上新台阶。内容标准，制定了一到九年级各学段阅读书目的体裁、内容等；评价标准，制定了阅读数量、阅读技能、阅读习惯等多个指标。但是，分级阅读的观点在国内仍是起步阶段，从理论到实践还需要不断地摸索前进，而且分年级阅读的学术研究目前基本集中在小学阶段，可搜索到的文献资料也不多，高中阶段分年段开展阅读研究仍被忽视甚至无视。

（三）国外的研究可借鉴

国外一些在阅读指导方面的经验值得我们借鉴。《美国语文教育》[1]一书中就写道：美国学校把阅读放在第一位。每一个年级都有明确的阅读目标，每一个星期每一天都有明确的阅读任务，每个学生都有一份详细的阅读计划表。美国人指责过分注重阅读基本技能训练是语文教学功利主义的产物，他们强调阅读教学的过程性而非结果性，给语文教师和学生更多的自由选择教学目标、内容和方式的权利；俄罗斯（含苏联）在课外阅读指导方面走在世界前列，他们每个不同年级就设有专门的课外阅读课，教学大纲中对课外阅读课的课程设置有明确的说明，教学方面既类型多样，有组织系统有条不紊。国外的相关研究和操作可以对本研究产生很好的借鉴作用。

三、解决问题的过程和方法

（一）研究思路和方法

本课题研究以建构主义理论、学习动机理论和分层教学为依据，采用文献资料法、问卷调查法、案例研究法和经验总结法等研究方法，按照“目标”“内容”“策略”“评价”四个方面，分高中三个年级有序地进行实践研究，并进行先试点后推广的研究策略，尝试建立高中生三年经典阅读指导的策略系统，以利于“经典阅读”长期有效地开展。如图 4 所示。

---

[1] 王爱娣．美国语文教育 [M]. 桂林：广西师范大学出版社，2007：11.

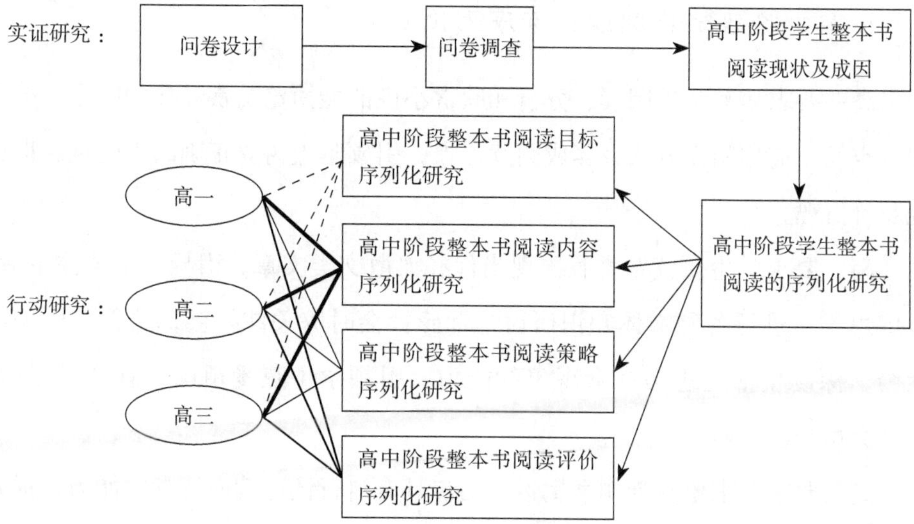

图 4　高中生三年经典阅读指导的策略系统

（二）研究内容

通过对高中生经典阅读状况的调查，经典阅读价值的阐发以及对经典阅读教学的探索，经典阅读课内与课外的有机结合等问题来为今后的经典阅读教学解决一些理论和实践层面的问题，在理论分析的基础上，尝试建立在高中三年实施经典阅读指导的策略性系统。

在充分了解研究时代背景以及新课标对经典阅读教学的方向性要求后，拟将课题拆分为四个小课题分别进行研究。

1. 高中阶段经典阅读目标序列化研究

高一要求培养学生阅读、分析和欣赏小说的能博览鉴赏经典的能力，扩大阅读空间，应用阅读方法，养成阅读习惯，引领学生树立正确的人生观、世界观及价值观。

高二要求学生研读鉴赏我国现当代经典散文类文章，引导学生关注生活，锻炼思维，进行各种文体知识研讨，针砭社会时弊关注社会，培养学生关注社会，深度生活与思考社会现象的能力。引领学生热爱祖国，有公民意识，有社会担当。

高三要求要求鉴赏创作学生达到初步具有自行读通读懂诗歌的能力，提升学生文学鉴赏能力和文学创作能力。引领学生热爱优秀文化，传承文化，丰富精神世界。

2. 高中阶段经典阅读内容序列化研究

高一学生还处于感性思维阶段，主要以古今中外文学经典为主：《三国演义》《红楼梦》《呐喊》《围城》《巴黎圣母院》《边城》《苏东坡传》《寂静的春天》等。

高二学生开始从感性思维过渡到理性思维，主要以中国经典散文、传记为主：议论类的如龙应台的《野火集》、鲁迅的《鲁迅杂文全集》《在自由的高处》；传记类的如《中国历代传记精选读本》《大师》等。

高三学生已具备较成熟思维，以古典诗歌为主：《唐诗选》《宋诗选注》《诗经选》《最美古诗词》央视媒体资源《诗词中国》《唐之韵》《宋之韵》等。

3. 高中阶段经典阅读策略序列化研究

高一以“活动促阅读”为主要策略进行经典阅读：如好书推荐活动，演讲比赛活动，手抄小报活动，班级杂志活动，编写课本剧活动，读书交流活动等。让学生展示课内外阅读的成果。

高二以“写作促阅读”为主的策略进行经典阅读：如提供一定的时间给学生交流阅读心得，读书征文写作，“大城小议”的小组议论文写作，请专家、记者进课堂进行写作讲座等。

高三以“鉴赏促阅读”为主的策略进行经典阅读：如经典美诗诵读，诗词小评，诗词小创作，请大学教授进课堂，讲讲诗词背后的文化现象等。

4. 高中阶段经典阅读评价序列化研究

高一以“表现性评价”为主，观察学生在形式多样的阅读活动中的过程性表现。

高二以“真实性评价”为主，关注学生在真实阅读任务下完成的情况和能力的展现。

高三以“考核性评价”为主，考查学生的阅读品质并对自我阅读习惯的肯定。

如图 5 所示。

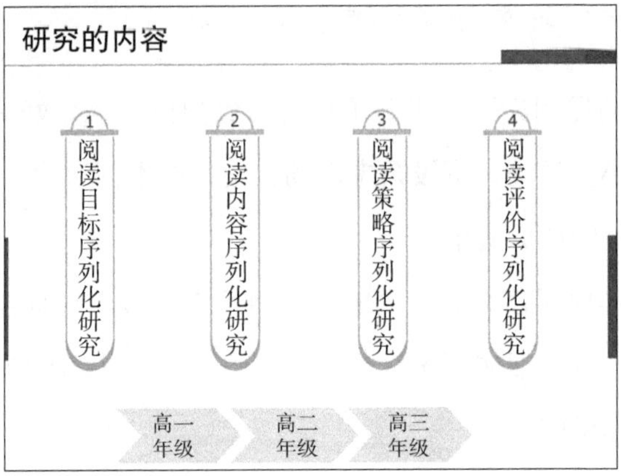

图 5　本课题研究内容示意图

（三）研究过程

1. 分工明确

根据课题组老师所在年级的不同，各自成立课题组，负责自己所在年级学生的研究调查，并且定期进行课题组的交流，拟定以下表格为开展的活动方向与内容，如表 3 所示。

表 3　课题组研究调查的内容

学段	目标	内容	策略（设计）	课题组负责人
高一年级				梁秋燕 梁薇子
高二年级				朱　琳 阳玉莹 魏艳琼
高三年级				刘　虹 张　迎 张迎嘉

2. 思路同步

我们课题组在尝试对不同年级推进相关经典的整书[1]进行策略研究时，都统一设计了“活动背景”“活动设想”“活动目标”“活动方式”“活动时间”“活动过程”以及“活动评价”7个部分的详细设计，让课例的推广具有更强的操作性。这种做法更符合了新一轮课程改革提出的“把语文活动作为与素养直接结合”“读经典”的核心理念，具有时代价值。如图6所示。

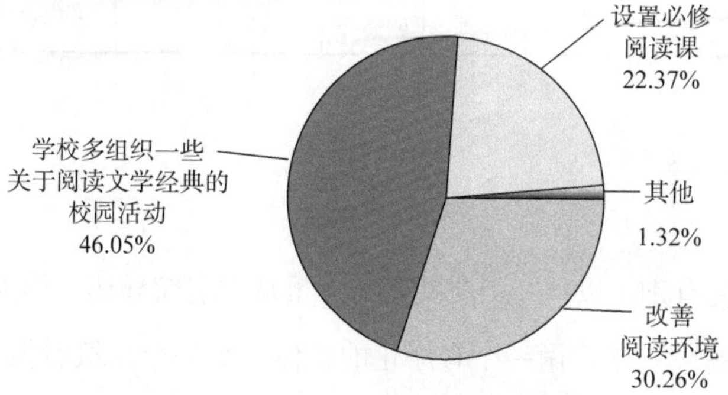

图6　推进高中学生经典阅读的策略

3. 课程保证

将经典阅读的内容和时间放进学校课程计划中，以确保研究开展的时间，现以高一年级上学期为例。如表4所示。

[1] 《普通高中语文课程标准》(2017版)“整本书阅读与研讨”任务群。

表 4　经典阅读的内容、时间安排

周次	1 周	2 周	3 周	4 周	5 周	6 周	7 周	8 周	9 周	10 周
课时	2	2	2	2	2	2	2	2	2	2
内容	认识自我演讲（需用上名著内容）			走进《三国》读书分享会			专题讲座 1	走进《西游记》读书分享会		
周次	**11 周**	**12 周**	**13 周**	**14 周**	**15 周**	**16 周**	**17 周**	**18 周**	**19 周**	**20 周**
课时	2	2	2	2	2	2	2	2	2	2
内容	《鲁迅作品集》分享	《围城》分享	《边城》分享	专题讲座 2	《孔雀东南飞》话剧演绎	《雷雨》话剧演绎	专题讲座 3	《巴黎圣母院》读书分享	《红与黑》读书分享	专题讲座 4

四、研究结论

本课题研究有别于以往“经典阅读”大量从“名著导读”作为研究切入点，另辟蹊径，把高中三年看做一个有序化的整体，每一个年级看做一个阶段，按学生的智力水平发展不同阶段，有所侧重，逐年实践延伸，并取得以下的成效。

（一）初步为高中阶段经典阅读的开展设置了序列化目标

高中三年经典阅读的总体目标是培养学生的阅读兴趣，养成良好的阅读习惯，提升人文素养。根据《中国学生发展核心素养》的研究成果中文化基础部分，“人文底蕴”具体分成了“人文积淀”“人文情怀”和“审美情趣”三个方面，本课题针对学生年龄特点及学科特点，进一步提出对各学段学生的具体要求，并对应制定出了每一年侧重点不一样的培养目标：高一要求培养学生广泛的阅读兴趣，提高文化品位的能力。高二要求引导学生关注生活，培养学生深度生活与思考社会现象的能力。高三要求要求提升学生文学鉴赏能力和文学创作能力。如表5所示。

表5　高中生经典阅读的核心素养及目标

核心素养	目标
高一年级	人文积淀：具有古今中外人文领域基本知识和成果的积累；能理解和掌握人文思想中所蕴含的认识方法和实践方法等
	培养学生广泛的阅读兴趣，提高文化品位的能力
高二年级	人文情怀：具有以人为本的意识，尊重、维护人的尊严和价值；能关切人的生存、发展和幸福等
	引导学生关注生活，培养学生深度生活与思考社会现象的能力
高三年级	审美情趣：具有艺术知识、技能与方法的积累；能理解和尊重文化艺术的多样性，具有发现、感知、欣赏、评价美的意识和基本能力；具有健康的审美价值取向；具有艺术表达和创意表现的兴趣和意识，能在生活中拓展和升华美等
	提升学生文学鉴赏能力和文学创作能力

（二）初步整理了高中阶段经典阅读的内容类别的纵向化序列

书目的重要性不亚于如何阅读的重要性，提倡注重学生个性能力、思想性的培养。它是靠对学生的思维特征、身也发展特征、社会性特征等方面的了解，选择提供适合不同年龄阶段学生的书目，并有层次地指导学生阅读，具有科学性。

1. 高中三年经典阅读内容根据目标有序安排

设置内容序列一是根据不同课题研究小组根据所对应学生的心智发展和学习能力的变化，设置内容序列二是根据语文学科文体的不同层次，设置内容序列三是结合新课标的关于课内外读物的建议，经典阅读的研究不再只局限于文学类文本，而应该多文体多元化。经过一年多的实践，初步整理了高中三年可有序开展的教学内容和教学文体。如表 6 所示。

表 6　高中经典阅读的教学内容及文体

类别	推荐年级	经典阅读内容	相关研究成果
文学类	高一	《边城》	区公开课
	高一	《诗经》	广州市中学语文教学研究会教学成果一等奖
	高一	《围城》	广州市高中语文名著阅读教学活动方案一等奖
	高一	《三国演义》	学生作品集、展板
	高一	《红楼梦》	市公开课
科普类	高二	《寂静的春天》	论文《旷野中的一声呐喊》发表在《课外语文》，2018 年第 5 期第 189 页
传记类	高二	《李鸿章传》	论文《高中语文整本书阅读策略选择》发表在语文月刊，2018 年第 6 期第 49-51 页
古诗类	高二或高三	《唐诗三百首》	教育部 2016—2017 年度“一师一优课、一课一名师”活动中评为部级“优课”
古文类	高三	《论语》《孟子》	教育部 2016—2017 年度“一师一优课、一课一名师”活动中评为部级“优课”

2. 每一个学期经典阅读内容按主题有序安排

同时，在每一个学期里，教师也要有序地安排阅读的内容，我们尝试了将不同经典文本按照主题内容的不一样进行了整合，这样教师和学生都能较有梯度和逻辑地开展经典阅读，有利于教学目标的达成。如表 7 所示。

表 7 高中经典阅读主题安排

体现君武特色	课程内容	参与班级	老师活动	学生活动
寻觅真我	走进经典	专修＋普及	教师推荐篇目 专家郑州明进行《经典与写作》讲座	公众微信号“我爱阅读”进行经典书目的推荐 制作了海报
解读真情	走进诗经	专修	教师讲授 布置写作任务	学生作品集子《最美不过诗经》 公众微信号“我爱阅读”进行作品选登
了解真知	走进楚辞	专修	教师讲授	学生作品《穿越千年，我想对屈原说》
	走进论语	专修	教师讲授	
	走进庄子	专修	教师讲授	
	走进苏轼	专修＋普及	教师讲授 阅读林语堂《东坡传》、余秋雨《东坡突围》	学生读后感，并发表在微信公众号
	走进呐喊	专修	教师讲授 播放视频《品读》鲁迅	堂上共读一本书 写作读后感
读懂艺术的真实	走进三国	专修＋普及	暑假布置读书任务 专家马将伟进行《三国的艺术世界》讲座 阅读课进行导读	制作了海报

续表

体现君武特色	课程内容	参与班级	老师活动	学生活动
解读真实人生	走进围城	专修	观看视频《品读围城》 专家李俏梅进行《智者的微笑》的专题讲座	学生进行读后感写作 制作了海报
	走进巴黎圣母院	专修	观看《巴黎圣母院》电影 专家王凤霞进行《走进巴黎圣母院》的专题讲座	学生进行读后感的写作

（三）初步总结了高中阶段经典阅读开展策略的共通性横向序列

虽然有目标有内容，但现在有很多推荐书目，书目到了学生那里，学生还是不愿意看，那么最后结果还是不理想的。老师要做的，不是指责学生不爱读经典，而是要搭桥，要找到经典与孩子的关联，这是老师的可为之处。如何有效地发掘经典魅力，从而激发学生的阅读兴趣，使学生在与经典的精神对话中达到愉悦呢？

1. 引入项目学习进行经典阅读[1]

在阅读教学中引进项目学习（PBL）的方式，应该是一种有益的尝试。所谓项目学习，就是对一个特殊的将被完成的有限任务，它是在一定时间内，满足一系列特定目标的多项相关工作的学习掌握。项目学习中需要的多项相关工

[1] 梁秋燕．基于项目学习的高中阶段经典阅读教学 [J]. 广东教育，2018（4）.

作的有机联系正是与新课标中提出的课程“整合”内涵一致。运用项目学习，不仅可以打通文体，打通年级，并且具有非常强的操作性。

项目学习的设计通常有四个步骤，如图 7 所示。

图 7　项目学习四步骤

我们可以将设计项目学习的四个步骤应用到相对应到经典阅读教学中，如表 8 所示。

表 8　项目学习对应阅读教学

项目学习	明确挑战	精心设置驱动问题	从结果入手	构建评估体系
阅读教学	确定阅读目标	创设阅读真实情景	布置阅读任务	多样性评价

有必要强调的是，并不是只要在教学中加入点手工劳作、小组讨论，或者是最后有一个可视的展示成果就可以被称为是项目式学习。如果不能在学习过程中体现出主动获取知识、解决实际问题等技能的话，即使最终成果是一个项目也不能称其为项目式学习，这个过程应该是完整的，有步骤有设计的，高中阶段的学习需要进阶。

如在案例《演绎经典，展现真我》中，我们可以参照以下几点。

一是确定阅读目标。让学生在经典阅读中找到快乐，拓展阅读视野，反思自己的读书习惯，建构阅读经典的经验，形成适合自己的读书方法，提升阅读鉴赏能力。

二是创设阅读真实情景。学生以阅读小组为单位，在规定的时间内（通常两个星期），在阅读课上和课下同读一本经典书籍（《围城》《边城》《巴黎圣母院》）。

三是布置阅读任务。① 选取片段。在课堂讨论交流后，选取小组最喜欢的片段在完成同读一本书的阅读后，小组共同选取本书籍中最精彩的一个片段。② 改写剧本。小组合作将此经典片段改写成剧本形式，改写时要求忠实于原著，但可适当加入自己的想象（动作、神态、心理、语言等）。③ 表演剧本。首先在班里每个阅读小组进行表演，同学评委根据表演的精彩和与对经典的再现程度，选出代表本班的阅读小组；然后全年级进行每个班的经典片段展演。

四是多样性评价。① 首先在班里的竞赛表演，就是学生对阅读小组每个成员的品评，对阅读的肯定。② 在全年级的展演中，评出最佳剧本奖、最佳表演奖、最佳导演奖等，实质是对学生再现经典的驱动，没有对文本的熟读是无法完成表演任务的。

2. 整理出适合运用于经典阅读的基本策略❶

在经过多种文体的经典阅读指导过程中，逐渐摸索出来通过跨界阅读、融入（再现还原）、内容重构、联结、对照阅读和变式阅读等阅读策略的选择，

❶ 刘虹，张迎 . 高中语文经典阅读策略选择 [J]. 语文月刊，2018（6）.

促进学生思维的提升，引发学生展现自己的素养，在实践教学中发现，在活动中提升学生素养。

（1）跨界阅读。

跨界阅读指阅读经典过程中，学生突破学科边界、突破纸质媒介进行的综合阅读。这也是互联网＋背景下的阅读教育新形式。通过收集、整理、研究与课题相关的文献，意在通过对文献的查阅、鉴别、整理、分析，从而找出研究的问题，以此来调动学生的阅读兴趣，提高阅读学习的参与性和主动性，调试学生的阅读心理。整合传统学习方式的优势和网络化学习的特点，将线上与线下学习相结合。促进资源的有效运用，锻炼学生自主、合作与探究的能力。学生在跨界阅读的过程中，体会不同的艺术形式在表现侧重点不同，从而有助于客观地、深入地、立体地、多角度地评价分析文本。

（2）融入。

融入是指运用多种策略让学生穿越时空，身临其境，进入文本的具体场景中，品读人物的内心世界。例如，根据学习任务“我为传主写书信”，或者“我为传主写专访”假设自己是一名记者，写一篇李鸿章访问记或李鸿章专访，投稿等，这种书信体、人物专访、悼祭文的写作，仿佛在与原著中的人物对话，使学生在阅读时，调动自己的感官，在头脑中形成画面，帮助学生进入情境，思考、玩味，加深对文本的理解。运用融入策略阅读与生活时代相隔较远的人物传记，设计对接生活的场景，可以让学生在真实的情境中品读作品，引领学生更好地融入传主人生，理解传主。学习活动设计与情境创设源于学生的真实语言生活，这样使学习过程不仅是对知识的加工和认知，而且能让学生产生情感的共鸣，在真实的情境中进行阅读学习。

（3）内容重构。

内容重构是指阅读主体基于进一步的研究目的，提取相关信息，按照新的形式重新组合并呈现的阅读策略。譬如可以对传主一生的事迹加以整合重构，写作挽联、悼祭文，每一个章节用思维导图的形式展示传主的人生事迹，同学们可以选择传主李鸿章人生的某一阶段或某一方面有代表性或突出特点的地方写作，可以以人物关系为线索；可以以身份变化为线索；可以以事件为线索；可以以时间为线索。选择适合自己写作的体例，整合传主人生重要事迹，完成内容重构，进行再创作，这样，学生能够对传主产生更深入的思考，做出更深入的分析评价，最终形成较为完整的理解。

（4）联结。

阅读经典，可以使用联结策略，在“文本内”“跨文本”和“联结生活体验”三个层次的联结阅读中获得真切深刻的阅读感受。与生命发生共鸣的阅读，才是好的阅读。阅读需能够结合每个人的生命体验与个人物质。在经典的阅读过程中联结的内容主要有相关作品与个人生活体验，首先，运用“文本内联结”；其次，运用“跨文本联结”；再次，运用“文本和个人生活体验联结”，根据学习任务，学生全程参与，唤醒学生人生感悟，让学生牵动自己的生命体验，涵泳其中，融入作品情境，让学生把视野转向现实世界，体味真实的悼祭活动，阅读与外部世界联结起来。同时，读者也能结合自己的社会经验、阅读体验对所读文本有自己的思考与领悟。

（5）对照阅读。

对照阅读，将具有一定关联的事件和人物对比参照，在相似中区分其差别，发现其联系。读者对重要内容进行对照阅读，可以更好地判断作者写作的关键部分，进而理解、评价内容。运用对照阅读策略，学生可以在前后文之间建立联系，加深理解。从文本中为自己的观点寻找依据，进行综合判断，并将自己的观点清楚而有条理地表达出来。

（6）变式阅读。

变式阅读是指改变表述体裁、重组文章内容，改变学生角色的阅读方式。能够激发阅读积极性，挖掘思维潜力，丰富生命体验。这种转化性写作，可以训练学生借助文本等其他资源，来表达自己的思想和观点的能力。变式阅读策略的使用，可以换个视角引领学生深入文本。通过这样的形式，读写结合，让学生在作品中找到“代入感”，重视任务与情境的创设，关联学生已有的语言经验，让其身临其境，技能融合，知识融合，素养融合，从而加深对传主人物形象的理解。

3. 将经典阅读实施的策略整合为可操作有序列化的模式图

经过多种文体的尝试和实践，基本整合出经典阅读教学的常见的先后步骤：通读——重读——研读。

第一阶段为通读阶段，可以采用的策略有线上线下的混合式学习，学生们可以线上阅读打卡，完成相关章节的阅读问题；或者线下完成老师制定的进度表格；或者按照每天阅读的量进行大意的复述，进行文本的重新整合；在老师设置的阅读问题的引导下可以进行初步的思考。

第二阶段是重读阶段，在已有了解文本大意的基础上，可以进一步了解文本内容，通过老师设计的情境任务和活动，重温文本的重要章节和段落，进一步细读文本，可以采用联结等阅读策略。

第三阶段是研读阶段，这时候老师会提出一些有思考性的问题，或者是作品的写作意图，或者是作品的文学价值，又或者是作品的思想深度等，这时候学生除了基本掌握文本内容外，需要进行的是内容重构，打破章节的叔父，有目的地进行某些章节内容的联结，还要跨媒介阅读，与对照阅读，扩充自己的视野，得出自己的结论。整合经典阅读的常用策略如图 8 所示。

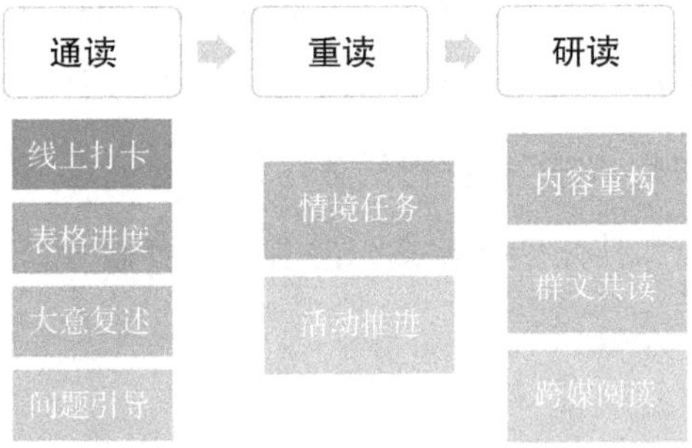

图 8　整合经典阅读常用的策略

经过一系列经典的阅读实践操作，证明以上策略是有序可行，有比较强的操作性和推广性的。

（四）初步建立起高中阶段经典阅读序列化的评价量表

我们根据阅读课程目标，立足于促进学生的发展，采取学生评价与导师质性评价相结合的特色课程评价机制，以促进学生潜能、个性、创造性的发挥，使每一个学生具有自信心和持续发展的能力。

初步建立的评价标准主要包括三种：学生学习与实践过程以及目标达成度的评价；学生学习品质和潜力的评价；学生在课程展示和交流实践中个性张扬的具体表现。

1. 过程性评价总表

每个学段每个课程一张，由导师负责填写汇总。如表 9 所示。

表 9　过程性评价总表

16中学 选修II ____________过程评价表												
年级 高 级 学期									____年___月___日			
编号	姓名	班别	学号	学生评价		导师评定					学段评价		学生确认
				学生自评	小组互评	考勤	课堂表现	作业质量	阶段报告成果展示	学习效果	综合	学分	签名
1													
2													
3													
4													
5													
6													
7													
8													
9													
10													

2. 学生评价表

每个学生一张，由学生本人和学习小组填写。如表 10、表 11 所示。

表 10　学生填写学生评价表

姓名　　　　　　　　　　　班级　　　　　　　　　　　学号

等级	优秀	良好	合格	不合格	学生自评	小组互评
考勤	按要求出席，无迟到早退现象，请假 1 次以内	基本能按要求出席：迟到、早退 2 次以内或请假 2 次以内	全学期迟到早退 3~5 次，请假 4 次（含）以内	迟到 5 次以上或请假 5 次（含）以上		
课堂表现	积极、认真参与教学、实践、讨论等活动，配合教师开展课堂教学	能参与教学、实践讨论等活动，配合教师都开展课堂教学，偶有开小差现象	参与教学、实践讨论等活动热情度不高，尚能配合教师开展课堂教学	从不参与教学、实践讨论等活动，不配合教师开展课堂教学		
作业质量	能按时、高质完成作业，不抄袭，不缺交	能按时完成作业，不抄袭，作业质量有待提高	基本能完成作业，作业质量有待提高，偶有迟交缺交现象	作业质量有待提高，常有迟交缺交现象，有抄袭他人的情况		
参与学习共同体	参加学习共同体活动认真、负责。能主动积极想办法解决问题，能顺利完成自己的学习任务，与同学之间配合良好，是小组中坚力量	参加学习共同体活动较为认真、负责。能较主动积极想办法解决问题，能提出自己的想法，与同学之间配合度较好，能完成学习任务	能按照参加学习共同体活动，完成自己的任务，能配合完成学习任务	基本不参加学习共同体活动。或参加活动，不配合其他同学，未能完成学习任务		
阶段报告或成果殿示	能按时、认真完成阶段报告，不抄袭。能清晰表达自己的独特特点，叙述充分，获得老师与同学肯定	能按时、认真完成阶段报告，能较清晰地表达自己的观点，获得老师与同学肯定	能按时完成阶段报告，能表达自己的观点，获得老师与同学肯定	未能按时完成阶段报告或不能表达自己的观点，有抄袭他人的情况		
学习效果	学生参与学习与实践过程后，有明显提升，达到学习目标	学生参与学习与实践过程后，有提升，基本达到学习目标	学生参与学习与实践过程后，没有提升，未能达到学习目标	学生参与学习与实践过程后，有较大提升，达到学习目标		
综合评价	单项 3 优或以上，其余为合格以上	单项 3 良或以上，其余为合格以上	单项 3 合格或以上	单项 3 项以上不合格		
根据特色课程目标，立足于促进学生的发展，采取学生评价与导师质性评价相结合的特色课程评价机制，以促进学生潜能、个性、创造性的发挥，使每一个学生具有自信心和持续发展的能力。主要包括三种评价类型；学生学习与实践过程以及目标达成度的评价；学生学习品质和潜力的评价；学生在课程展示和交流实践中个性张扬的具体表现						

表 11　学习小组填写学生评价表

选修 2________________　　　　过程评价表

姓名　　　　班级　　　　学号

	项目	优秀	良好	合格	不合格	等级
学生评价	学生自评	见自评等级说明	见自评等级说明	见自评等级说明	见自评等级说明	
	小组互评	见自评等级说明	见自评等级说明	见自评等级说明	见自评等级说明	
导师评价	考勤	按要求出席，无迟到早退现象，请假 1 次以内	基本能按要求出席：迟到、早退 2 次以内或请假 2 次以内	全学期迟到早退 3~5 次，请假 4 次（含）以内	迟到 5 次以上或请假 5 次（含）以上	
	课堂表现	积极、认真参与教学、实践、讨论等活动，配合教师开展课堂教学	能参与教学、实践讨论等活动，配合教师都开展课堂教学，偶有开小差现象	参与教学、实践讨论等活动热情度不高，尚能配合教师开展课堂教学	从不参与教学、实践讨论等活动，不配合教师开展课堂教学	
	作业质量	能按时、高质完成作业，不抄袭，不缺交	能按时完成作业，不抄袭，作业质量有待提高	基本能完成作业，作业质量有待提高，偶有迟交缺交现象	作业质量有待提高，常有迟交缺交现象，有抄袭他人的情况	
	阶段报告或成果殿示	能按时、认真完成阶段报告，不抄袭。能清晰表达自己的独特特点，叙述充分，获得老师与同学肯定	能按时、认真完成阶段报告，能较清晰地表达自己的观点，获得老师与同学肯定	能按时完成阶段报告，能表达自己的观点，获得老师与同学肯定	未能按时完成阶段报告或不能表达自己的观点，有抄袭他人的情况	
	学习效果	学生参与学习与实践过程后，有明显提升，达到学习目标	学生参与学习与实践过程后，有提升，基本达到学习目标	学生参与学习与实践过程后，没有提升，未能达到学习目标	学生参与学习与实践过程后，有较大提升，达到学习目标	
	综合评价	单项 4 项优或以上，其余为合格以上	单项 4 项良或以上，其余为合格以上	单项 4 项合格或以上	单项 4 项以上不合格	
备注						

3. 表现性评价

除了以上的评价量表之外，针对不同年龄阶段的学生的身心发展特点，还可以通过不同的表现评价进行，如表 12 所示。

表 12 表现性评价表

学段	目标	内容	策略（设计）	评价
高一年级	培养学生广泛的阅读兴趣，提高文化品位的能力	主要阅读国内外古今经典小说，分析和欣赏小说的鉴赏的能力	每周开设固定的阅读课 教师导读 学生推荐 读书分享会 专家讲座 课本剧表演 市名著阅读大赛	学生好书（文学、科学、历史、哲学、艺术、社科、博物、艺术）推荐语集子 精彩点评小论文（精彩摘抄，人物分析，情节剖析，主题探索，环境鉴赏）， 微信公众号展现 课本剧展示
高二年级	引导学生关注生活，培养学生深度生活与思考社会现象的能力	研读经典散文，包括叙述性的散文和议论性的散文，鉴赏我国现当代经典论述类文章	每周开设固定的阅读课 时事分享 大城小仪 与记者面对面谈时事 市征文大赛	同样的时事，不同角度的时评合集（三员议事） 学生每天 5 分钟时事分享，集合成素材集子
高三年级	提升学生文学鉴赏能力和文学创作能力	主要研读经典诗歌，尝试鉴赏创作学，初步读通读懂诗歌的艺术价值	每周开设固定的阅读课 文化专题讲座 诗歌创作 诗歌朗诵 三行情诗比赛	学生诗歌创作集子 三行情书优秀作品展示

高中生经典阅读序列化研究的具体内容如图 9 所示。

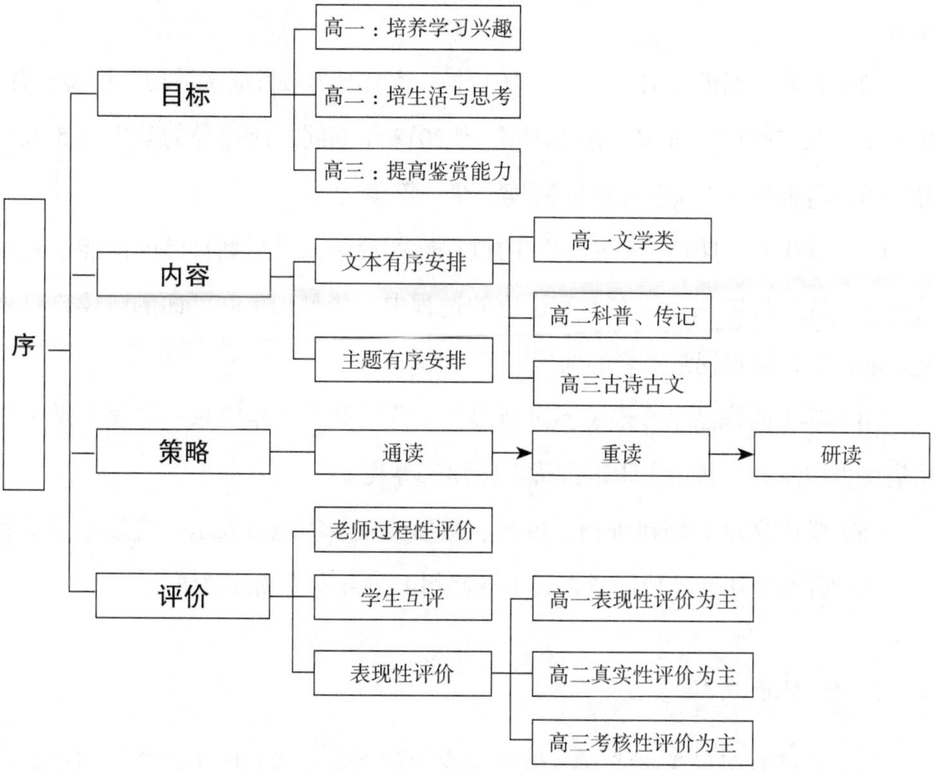

图 9　高中生经典阅读序列化研究

（五）课题研究给师生带来的效益

1. 学生的成长

（1）有助于让越来越多的学生养成热爱阅读经典、享受阅读经典的习惯，并从阅读中逐渐找到“真我”，学生通过阅读经典，拓展阅读视野，反思自己的读书习惯，建构阅读经典的经验，形成适合自己的读书方法，提升阅读鉴赏能力。

（2）有多人积极参加“广州市中小学生经典阅读书目征文活动”投稿参赛，并且 2 人获广州市一等奖。在 2016 年到 2018 年期间，所指导的学生有 5 人获得广州市名著阅读大赛和古诗文阅读大赛一等奖。

（3）学生在“阅读——展示”的过程性评价中，寻觅到自己的潜能，并开始逐渐形成阅读的兴趣；在专家讲座的过程中，接触到更高层面的解读，带来全新的认识，是对视野极好的拓展。

（4）学生的作品集《最美不过诗经》获得广州市教学陈果一等奖；学生作品集《古韵流芳》获得广州市古诗文阅读二等奖；

（5）学生文章分别在班刊、校刊、微信公众号等地方展示，自信心也得到了很大的提升；还有 4 位同学在《羊城晚报》公开发表阅读感悟。

2. 教师的成长

（1）教师有引导学生求真、传承优秀文化之责，还有助于改变“阅读就是课外的事、阅读浪费时间、阅读效果很难立竿见影”等陈旧观念，实现经典阅读的有序化、常态化局面。

（2）经典阅读特色课程的开展，既是对过往开展经验的总结，更是对现有课程的一次科学重整，集老师们的智慧拟出版《悦读》校本课程读本以及活动方案集本，并将近几年学生优秀作品集合成《这些年，我们一起读过的书》。让教师与学生一起在“求真”的过程中找到了“真我”的价值。

（3）课题组刘虹、梁秋燕等多位老师均获得广州市名著阅读大赛优秀指导老师奖；经典悦读的微信公众号已逐渐得到越来越多人的关注，其中还包括了信息时报等媒体记者，产生了真正的效应，并且硕果累累，如表 13 所示。

表 13　经典阅读活动的成果

成果类别	内容	作者
著作	《经典阅读序列化实施手册》（知识产权出版社），2019 年	梁秋燕编著
论文	《基于项目学习的高中阶段经典阅读教学》广东教育，2018 年第 4 期第 41 页	梁秋燕
	《旷野中的一声呐喊》课外语文，2018 年第 5 期第 189 页	梁秋燕
	《高中语文整本书阅读策略选择——以〈李鸿章传〉阅读为例》语文月刊，2018 年第 6 期第 49-51 页	刘　虹 张　迎
学生成果集	《最美不过诗经》获广州市中学语文教学研究会教学成果一等奖	梁秋燕
获奖	《寂静的春天》活动方案获广州市高中语文名著阅读教学活动方案一等奖	梁秋燕
	《古韵流芳》活动方案获广州市高中古诗文传记阅读活动方案二等奖	梁秋燕
	广州市名著阅读大赛、古诗文竞赛一等奖共 5 份	梁秋燕等
课例	《寂静的春天》阅读活动方案	梁秋燕
	《读懂真实的人生——〈围城〉活动方案》	梁秋燕
	《“赞”“弹”“改”》读书活动在教育部 2015—2016 年度“一师一优课、一课一名师”活动中被评为“部级优课”，2016 年 4 月	梁薇子
	《千古名言 智慧渊薮——〈论语〉和〈孟子〉》在教育部 2016—2017 年度“一师一优课、一课一名师”活动中评为部级“优课”，2017 年 4 月	张迎
	唐诗大会暨《唐诗三百首》整本书阅读活动课在教育部 2016—2017 年度“一师一优课、一课一名师”活动中评为部级“优课”，2017 年 4 月	张迎嘉
讲座	广州市《以活动之真促阅读之深》专题讲座全市高一语文老师，广州 6 中	梁秋燕
	全国高中语文课程标准教学观摩研讨会上做了“高中阶段整本书阅读序列化研究”的专题发言，珠江宾馆	
媒体报道	《羊城晚报》专栏报道读书活动（《羊城晚报》2017 年 4 月 21 日）	梁秋燕
公众号	“十六经典阅读”　微信公众号	梁秋燕

续表

序号	形式	数量	内容
1	论文	3	《广东教育》《语文月刊》《课外语文》
2	课例	3	教育部“一师一优课、一课一名师”活动中被评为“部级优课”
3	讲座	3	广州市《以活动之真促阅读之深》专题讲座；全国高中语文课程标准教学观摩研讨会上做了“高中阶段整本书阅读序列化研究”的专题发言；广州市进行了《任务驱动——谈谈我对学习任务群的思考》
4	获奖	5	广州市高中语文名著阅读教学一等奖
5	微课	2	《做批注的方法》《如何为传主写小传》
6	公众号	1	微信公众号

五、不足与反思

（一）实践经验很多，理论提升不足

在研究过程中，结合之前良好的研究基础，课题组进行了大量的实践研究，但是总感觉理论知识很不够，虽然课题组成员在整个研究过程还是有针对性的学习了一些文献和理论。尤其在序列研究方面能找到的文献也是有限的，目前，国内外对经典拓展阅读的关注度极高，分级阅读研究也形成一定的体系。美国从小学一年级至高中毕业，每一个年级都有明确的经典书目阅读要求。国内分级阅读基本集中在小学阶段，高中阶段分年段开展阅读研究仍被忽视甚至无视。这也使我们在研究过程中曾经一度茫然失措。对其中一些重要的概念的界定还是有点模糊。

（二）新课标带来的新挑战

新课标于2017年才正式颁布，一切都是新的，“经典阅读”与18个任务群之间有相当多互联互通的地方，如何进行整合也是一个有待探讨的领域，并没有太极多经验和实践操作参考，同时与新课标配套的统编教材还未落地，所以大家都停留在摸索的阶段,可以说发挥空间很大,但同时带来的挑战也是很大的。老师们既是一线的教学实践者，又要做上层的课程设计者，精力和能力有很多时候都感觉比较欠缺，也有力不从心的感觉。

（三）往更科学更精细化的方向研究下去

美国的分级阅读已经开展得十分成熟了，美国的蓝思分级法有一套行之巧效的精准的、可量化的、操作性比较强的测定和训练体系。

经过这两年课题研究，我们坚信，在经典阅读的过程中，通过教师有序列地设定阅读目标，选择序列性的阅读内容，选择恰当的阅读策略，必然能使学生逐渐建构阅读经验，让学生在自主言语实践活动中掌握方法，逐渐使学生提升语言感受力与运用能力强，视野开阔，阅读习惯良好，思维品质高。

我们更坚信在高中进行分年段经典阅读，符合新课标的理念，也是促进语文教学改革和发展的必然。为此，我们将继续立足于学校教学实际，继续开发建立与教科书必修教材、选修教材考纲相适应的辅助性的方便实用的经典阅读素材体系，并应用到具体学段中，继续促进学生的读写能力的提高与教师教研专业素养的提升，这也是在我们在下一阶段研究中努力要去思考和解决的问题。

让"悦读"流行起来[1]

——基于项目学习的高中阶段经典阅读教学实践探索

广州市第十六中学　梁秋燕

一、研究背景

教育部于2013年12月启动普通高中课程方案的修订，2017年底公布新的《高中语文课程标准》，修订后课程标准有18个学习任务群的设置，其中就包括"整本书阅读与研讨"。过去受各种因素的制约，语文阅读教学越来越呈现出"碎片化，快餐化，刷题化"的倾向。2011版《语文课程标准》在教学建议部分就对读书就有明确的表述："少做题，多读书，好读书，读好书，读整本的书"。

那究竟应该选择什么样的书进行整本书的阅读呢？无疑应该是经典书籍。高中生是基础教育阶段中社会化程度最高的学生群体，他们开始形成自己独立的思考，处在人生观"世界观"价值观形成的关键时期，基于此，广泛阅读经

[1] 本文为广州市教育科学规划2016年度课题"高中阶段学生经典阅读的序列化研究"（立项编号：1201544153）成果。

典作品，对于提升学生的人文素养和综合素质，对于传承民族优秀文化传统，应当具有重要意义。因此，读经典、读名著将成为学生阅读的新常态。

但目前高中生读经典如吞苦药的阅读状态令人担忧。现在有很多推荐书目，但书目到学生那，学生不愿意看。老师要做的，不是指责学生不爱读经典，而是要搭桥，要找到经典与孩子的关联，这是老师的可为之处。如何有效地发掘经典魅力，从而激发学生的阅读兴趣，使学生在与经典的精神对话中达到愉悦呢？这已成为语文教师教学实践探索中的一个重点。

二、项目学习

为了解决目前经典阅读的困境，在阅读教学中引进项目学习（project-based learning，PBL）的方式，应该是一种有益的尝试。所谓项目学习，就是对一个特殊的将被完成的有限任务，它是在一定时间内，满足一系列特定目标的多项相关工作的学习掌握。项目学习中需要的多项相关工作的有机联系正是与新课标中提出的课程“整合”内涵一致。

项目学习的设计通常有四个步骤，如图 11 所示。

图 11　项目学习的四个步骤

我们可以将设计项目学习的四个步骤应用到经典阅读教学中，如表 14 所示。

表 14 项目学习和阅读教学相结合

项目学习	明确挑战	精心设置驱动问题	从结果入手	构建评估体系
阅读教学	确定阅读目标	创设阅读真实情景	布置阅读任务	多样性评价

有必要强调的是，并不是只要在教学中加入点手工劳作、小组讨论，或者是最后有一个可视的展示成果就可以被称为项目学习。如果不能在学习过程中体现出主动获取知识、解决实际问题等技能的话，即使最终成果是一个项目也不能称其为项目式学习，这个过程应该是完整的，有步骤有设计的，高中阶段的学习需要进阶。

三、基于项目学习的经典阅读实践案例

案例一："走进三国"

（一）确定阅读目标

学生了解《三国演义》的故事内容和人物，读懂文本的诗词，有自己对人物的评价。

（二）创设阅读真实情景

学生以阅读小组为单位，在规定的时间内（通常一个月），在阅读课上和课

下完成对《三国演义》的阅读，也可通过观看电影或者对比阅读《三国志》一起完成。

（三）布置阅读任务

有必要说明的是以下的阅读任务都是由阅读小组抽签决定。

（1）成语对对看。

在整本书的阅读过程中，需要每个学生都关注成语，然后其中一个阅读小组负责整理书中出现的成语，与班里同学分享。

（2）歇后语年年看。

在整本书的阅读过程中，需要每个学生都关注歇后语，然后其中一个阅读小组负责整理书中出现的歇后语，与班里的同学进行竞赛。

（3）诗歌读读看。

在整本书阅读过程中，需要每个学生都关注诗歌，然后其中一个阅读小组负责整理书中出现的诗歌，在全班进行分享，并让学生猜猜是哪位人物写的诗歌。

（4）情节说说看。

按学号进行每天一个同学的说书，按照章回体的要求，按顺序概括故事情节，全班同学共同接力完成对整本书的故事梗概。

（5）人物评评看。

学生按照自己的喜好，选择书中的一个人物，完成一封信《×××，我想对你说》，表达对其中人物的感悟，然后在班里进行同类人物的交流，看看谁写得更精彩。

最后将大家的文章做成作品集，配上自己绘制的插画，形成全班共读《三国演义》的成果。

（四）多样性评价

（1）每个同学在概述章回情节的同时，其实就是在学习提纲挈领，快速掌握主要内容

（2）同学参与评价每个组的整理时，又是对阅读时的诗词、成语、歇后语、人物等做了一次回顾，更是对小组成员的高度要求；最后成果的不同形式呈现，也是对学生不同程度的肯定和嘉奖。

案例二："演绎经典，展现真我"

（一）确定阅读目标

让学生在经典阅读中找到快乐，拓展阅读视野，反思自己的读书习惯，建构阅读整本书的经验，形成适合自己的读书方法，提升阅读鉴赏能力。

（二）创设阅读真实情景

学生以阅读小组为单位，在规定的时间内（通常两个星期），在阅读课上和课下同读一本经典书籍（《围城》《边城》《巴黎圣母院》）。

（三）布置阅读任务

（1）选取片段。

在课堂讨论交流后，选取小组最喜欢的片段在完成同读一本书的阅读后，小组共同选取本书籍中最精彩的一个片段。

（2）改写剧本。

小组合作将此经典片段改写成剧本形式，改写时要求忠实于原著，但可适当加入自己的想象（动作、神态、心理、语言等）。

（3）表演剧本。

首先在班里每个阅读小组进行表演，同学评委根据表演的精彩程度和对经典的再现程度，选出代表本班的阅读小组；然后全年级进行每个班的经典片段展演。

（四）多样性评价

（1）首先在班里的竞赛表演，就是学生对阅读小组每个成员的品评，对阅读的肯定。

（2）在全年级的展演中，评出最佳剧本奖、最佳表演奖、最佳导演奖等，实质是对学生再现经典的驱动，没有对文本的熟读是无法完成表演任务的。

四、小结

何谓学生心目中的经典？绝对不是教师告诉学生这是经典，而是学生在阅读中感悟到人和事，最终受到启发。教师要善于在学生和经典中搭建桥梁，以上两个例子，案例一侧重精读，案例二侧重泛读。阅读是一种精神活动，是读者与作者的对话，在完成这个阅读项目时，学生也完成了和经典的这场对话；在演绎经典的过程中，就是将经典"活化"起来，就是从中让我们遇见更好、更真实的自己。

学生冯欣曾在项目学习中写下这么一段话：从罗贯中的《三国演义》、钱锺书的《围城》、雨果的《巴黎圣母院》，从古代经典到现代小说再到外国名著……这一学期的语文经典阅读课程让我真正遨游在阅读的海洋，穿梭在书本的世界中，感受了三国真实的战火纷飞，领悟了方鸿渐的"围城"人生真正困境，看到了卡西莫多的纯真的爱。原本看书只是囫囵吞枣的我，很庆幸得到这难得的机会，学习如何去细读一本名著，真正体会作者的创作，感受魅力与精髓所在。

我相信，经典不会再枯燥无味，在基于项目学习的方式上，经典阅读变经典"悦"读是必然趋势，让"经典悦读"流行起来将是我们所有语文老师在新课标指引下的努力方向。

参考文献

[1] 蔡可 . 基于"学习任务群"的语文教学设计 [J]. 语文学习，2018（1）.

[2] 冯善亮 . 名著导读的设计与实施 [J]. 语文学习，2017（12）.

[3] 马卡姆 .PBL 项目学习：项目设计及辅导指南 [M]. 北京：光明日报出版社，2015.

以活动之“真”促阅读之“深”

广州市第十六中学　梁秋燕

随着新课程改革的不断深入，语文学科的评价和考试，特别是高考也发生了显著的变化，阅读部分更为重视课外阅读量的积累。为此，2015 年暑假，广州市教育局与北京大学语文教育研究所联手，全面启动了广州市中小学阅读种子教师的培养项目，大力倡导中小学对经典阅读的重视。

无奈的是，随着网络的不断发达，碎片阅读成为主要阅读方式。当前不少调查机构的数据显示：学生喜欢肤浅平庸的快餐式阅读，读经典如吞苦药的阅读状态日益让人堪忧。

如何有效地发掘经典魅力，从而激发学生的阅读兴趣呢？

无疑，将形式多样的活动引入阅读，是一种很好的激发兴趣方法。但纵观这么多年的活动的设计，会发现活动很容易变“假”：或只流于形式的热闹；或失了语文味；或只为公开课而点缀…… 这样的活动轻了“语”，轻了文本的解读，轻了必要的双基，不是“真”的活动。

我们提倡的活动之真，就是要回归真实的生活来创设活动。让阅读与生活紧密结合在一起，目的是以浸入式的阅读塑造阅读方式、整体思维与问题探究促进学生的深度阅读。这里的活动，不是一个单一的言语行为，而是一个整体的、综合的、能引发学生多种语文学习行为的、有关程序性知识的建议。阅读不只是“看书”，需要更丰富的“活动方式”：如演说、辩论、故事会、黑板报、比较阅读、主题研究、调研、访谈、文学期刊、社团组织、网络协同学习……最终达到“获取、加工、传递信息”的深阅读效果。

早在2007年，我校就开始进行活动教学的探索与实践，在十多年的努力中，总结了一些宝贵的经验和实践案例，得到广州市同行的广泛认可。

我认为，回归真实生活创设活动首先要做到创设真正有意义的情境。何为真正有意义的情境呢？那就是创设的情境能够有效增加学生学习活动的生动性、趣味性、直观性、情感性。其次要做到问题真实有效。情境问题要能有效增强学生学习活动的思维性、深刻性、批判性。

从教师角度看，这样的活动设计能够避免传统阅读教学中，教师大量讲解分析的教学替代了学生自主阅读活动；从学生的角度来讲，构建真实的情境和问题，才是进行阅读的真正认知路径，促进其经验和思维、情感的参与；这样的阅读方能做到不浮在表面，不断深入。

我们课题组尝试对整书作品均进行了“活动背景”“活动设想”“活动目标”“活动方式”“活动时间”“活动过程”以及“活动评价”等7个部分的详细设计，具有十分强的操作性。

这种做法更符合了新一轮课程改革提出的“把语文活动作为与素养直接结合”“读整本书”的核心理念，具有时代价值。

我们希望透过活动这扇窗，学生能感受到字画的墨香如秋季田野的金黄色浓浓的弥漫在心间；推开活动这扇窗，我们能更真实地踏触在生活这片广袤的土地上！

一个错误开启的批判性思维

——《鸿门宴》课堂小记

广州市第十六中学　梁秋燕

《鸿门宴》是一篇高中经典课文，不管是哪个版本的语文教材，都会将其选编其中，因为其在史学中的重要地位，同时也具有很强烈的文学色彩，适合高中学生阅读。但也正是因为其过于经典，翻看很多教学策略等都显得十分常规，无非都是文常简介，疏通字词句，把握文章情节的波澜，分析人物的性格，如此尔尔。

但万万没想到在课堂上学生的一个小小的错误，却让一个文言文的课堂变得前所未有的热情与深入，开启了一场真正的批判性思维。

首先，对高二学生来说，这是一篇比较显浅的文言文，因此课堂的开始我摒弃了逐段疏通文言字词的教法，只是在朗读过程中进行了正音，解决了个别同学在预习时提出的难解字词句；接着我直接进入了《鸿门宴》中人物形象的分析，学生可对文中出现的任一人物进行评价，这其实也是一个常规环节，没想到站起来的第一个学生直接把课堂改变了。

第一个站起来的学生选择的是曹无伤，这是我意料之外的，因为曹无伤是整篇文章里笔墨最少的人物，学生用“阴险狡诈”形容他，我问他理据何在，他说是曹无伤挑拨离间才有了鸿门宴的产生。确实没有曹无伤，也许就没有鸿门宴，但怎么会说他是挑拨离间呢？学生继续有条不紊地分析，因为曹跟项羽说“沛公欲王关中”，这不是真的，所以是挑拨离间。这时候课堂里有了些骚动。为了强调自己推理的正确性，他继续说文中第四段还有写“日夜望将军至，岂敢反乎”，更证明其不想称王。

话音刚落，很多学生就开始议论起来，有些说对呀，确实是挑拨离间啊；有些说，不对，刘邦根本就是要称王的，而这两种意见的人数竟然是对半的。这个现象远远超出我的预想，也是我历届学生没有出现过的情况，本来在我看来十分明显错误的分析，没想到会引来学生们强烈的思考欲望。于是我索性顺着第一个学生的错误将这个问题提出来了：曹无伤说的这句话是真的还是假的？

马上有学生迫不及待地站起来说，是假的，因为“珍宝尽有之”与后文“今入关，财物无所取，妇女无所幸”矛盾。接着另一学生马上站起来反驳，范增通过对比的手法其实想写出刘邦是“此其志不在小”，这个“志”应该就是称王之志了。

就在大家开始慢慢认同曹无伤说的是真话时，一个同学又站起来指出，不是刘邦本人的想法，而是“鲰生”，因为第三段有“鲰生说我曰”的字样，说明不是刘邦的本意。眼看大家又陷入了对这个论调的认同，我必须抛出一个问题：真的只有鲰生这样想吗？大家马上觉得这是不可能的，因为如果自己不想为何还要这样做呢？我不失时机地再问学生，为什么刘邦要这样说？大家恍然大悟，原来刘邦是借他人之口撇清自己的责任，而称王确实是真实意图，曹无伤说的句句是真话啊！

第一个站起来分析曹无伤的同学顿时在座位上惊叹：原来我被刘邦骗了啊！

到此这场讨论持续了足足半节课时间，但这仅仅只是一个开始，学生的热情被这个错误彻底调动了起来，接下来的同学开始陆续对8个人物进行分析概括，其中多次出现了类似之前你来我往的争辩，而真理就在争辩中逐渐被挖掘：譬如“项伯为什么不帮项羽”，从有人认为项伯“重情重义”，到有人认为项伯为了“平衡关系”，再到项伯其实“对项羽充满信心，并不觉得刘邦是威胁”……又譬如有同学从对“项羽为什么不听范增的建议”的分析，认为“项羽更适合当未来统治者，因为他希望用武力光明正大赢得天下”，有同学认为“刘邦更适合，因为他善于拉拢人心”……

诸如此类的争辩从课堂上持续到课堂下，从我预设的半堂课时间持续到了整整三堂课，当其他班级用三堂课疏通了全文字词的时候，我们班的学生却在8个人物中游走，在争辩中饶有兴趣地发现了他们一开始不曾想过的背后，更欲进一步挖掘人物性格的好奇使他们纷纷开始阅读《项羽本纪》《史记》。那些所谓难懂的字词句毫不影响他们的阅读，第一位分析曹无伤的同学竟然还思考起“曹无伤为什么要去告密”的问题，他最终自己在课外找到了答案。

课后有很多同学都激动地跟我表示，上课上得热血沸腾啊，这才是真正的语文课，学到了太多太多！我何尝不是很激动呢，学生们的热情远远超乎我们的想象：备课时我们往往认为没有问题准备一笔带过的地方，恰恰是学生有问题有质疑的地方；教学时我们认为已经成为事实的事情，应该更多地要学生自己发现，而不是直接告诉他们；我们往往害怕学生犯错误，可是错误恰恰是开启思维大门的一把金钥匙。

批判性思维并不遥远也不抽象，它无时无刻不存在于我们的教学中，就看我们敢不敢舍得时间，放得开手，给学生们搭架一个脚手架了！也感谢学生成就了我不一样的课堂！

二、阅读案例

1. 文学类
（建议高一年级使用）

重塑“美丽”与“忧愁”

——《边城》阅读展示活动设计

广州市第十六中学　梁薇子

一、活动背景

高中语文2016年新课标中明确指出，语文学科的核心素养包括语言建构与运用、思维发展与提升、审美鉴赏与创造、文化传承与理解。如何在语文阅读与写作中呈现核心素养，营造良好的阅读氛围，激发学生阅读的动机，成为语文老师应当思考的迫切问题。

沈从文的代表作《边城》以20世纪30年代川湘交界的边城小镇茶峒为背景，以兼具抒情诗和小品文的优美笔触，描绘了湘西地区特有的风土人情；借船家少女翠翠的爱情悲剧,凸显人性的善良美好与心灵的澄澈纯净。这种“优美、健康、自然”的人生形式对丰富学生精神世界、提高文化品位具有积极的作用。

二、活动设想

为了让学生充分了解沈从文笔下的湘西风土人情，体会小说的情感世界和人性之美，从而走进作者构筑的善与美的理想世界，寻觅作者着力歌颂的“恰如其分的爱与美”，本次阅读活动以“一曲湘西美丽凄婉的生命牧歌”为主题，涵盖作品主旨探讨、人物形象分析、环境描写鉴赏等小说阅读教学的基本要素，以读写结合为基本方式，开展了读书笔记撰写、阅读交流活动、叙写小说结局、表演课本剧等多种实践活动；最终以“重塑‘美丽’与‘忧愁’——续写优秀座作品媒体发布会”的形式，集中展示学生的阅读成果，力求让学生在语文实践活动中提升阅读水平，学会用多种视角解读文本，理解文学作品背后所蕴含的社会、文化意义。

三、活动目标

（1）培养学生树立文本细读的意识，以分析《边城》人物形象“翠翠”的特征为切入口，感受作品的人性美。

（2）通过比较原著结局与学生续写的结局，引导学生立足文本，从多角度分析作品的主题及内涵。

（3）理解作者在这种“优美、健康、自然，而又不悖乎人性的人生形式”中所寄寓的人生理想。

（4）提高学生鉴赏小说的能力，培养学生语文素养。

四、活动方式

以“《边城》续写优秀作品媒体发布会”的活动形式进行阅读的交流和探讨，由学生以发布会主持人、优秀作品发表者、记者、出版社发行商代表等多个身份进行角色扮演，就《边城》结局续写所涉及的“人物形象的一致性”、“作品意境的延续性”以及“主题结局的深刻性”三大问题深入原著，对作品的“人性之美丽”、“命运之忧愁”进行文本剖析。

五、活动时间

学生用2周时间自由阅读沈从文作品《边城》并做相关读书笔记。读书笔记内容包括按要求做文本摘抄和批注，在此基础上提出阅读中遇到的疑惑，进行归纳和总结。

学生利用1个阅读课时在堂上完成交流、探讨、发言等活动，再用1.5个课时对小说结尾续写优秀作品进行赏读评论。

六、活动准备

（一）《边城》作者之我读

（1）探究活动：学生通过分任务进行资料搜索，完成《沈从文小传》发言稿，并以微型讲座的形式，在班级上展示。

（2）具体过程：学生以小组为单位，从以下关键词中选择二三个作为讲座主题，关键词：童年、谋生、困顿、从文、教学、妙语、性情、弃文、研物、晚景、逸事、乡恋、归尘。

推荐书目：《从文自传》《湘行散记》《细说民国大文人——那些文学大师们》《从文小说习作选》。

（二）《边城》阅读之我感

（1）探究活动。

探究边城的风景美、风俗美、人情美

（2）具体过程。

① 学生从小说中把描写风景的语段、表现风俗活动的语段、体现边城人际关系的语段摘录到读书笔记中，并做好相应的批注。

② 对所摘录并做好批注的内容，按照以下方式进行整理。

边城风景美，美在____________________________。

边城风俗美，美在____________________________。

边城人情美，美在____________________________。

（三）《边城》阅读之我惑

（1）探究活动。

美丽而充满爱的边城，为什么最终均以悲剧收场，你认为作者想表达什么感情？

（2）具体过程。

学生思考小说以“边城”为标题的意义，把作者想要表达情感关键词列出来，并写明理由。

同学在小组里展示自己探究的关键词，全班共同讨论。

批判____。

赞美____。

呼吁____。

（四）《边城》人物之我见

（1）探究活动二。

人物可爱是沈从文小说的一大特点，翠翠是《边城》之魂，但在小说中，我们找不到关于翠翠的外貌描写。根据你的理解，给翠翠画像。正确做到“形”、“型”、“神”的统一。

（2）具体过程。

学生活动：小组内自由交流，推进代表进行展示。

小说片断师生共同赏析。

（五）《边城》情节之我演

（1）探究活动。

课本剧改编。

（2）具体过程。

《边城》所写的故事很简单，然而却极美。整部小说的结构十分精巧，由二十一章组成,内在的连贯十分紧密,但拆开看又可单独组成一个个精美的故事,很好地体现了沈从文追求小说匀称的美学主张。请你从中选择 4 到 5 章把它改编成课本剧。

章节推荐：初遇二老，误会重生；真相大白，春心萌动；心事了然，兄弟赛歌。

（六）《边城》结尾之我写

（1）探究活动。

续写小说结尾。

（2）续写指导。

小说的结尾，具有蕴藉含蓄、回味无穷的味道，十分耐人咀嚼，让人感到一种忧伤缺憾的美：

到了冬天，那个坍圮了的白塔，又重新修好了。那个在月下唱歌，使翠翠在睡梦里为歌声把灵魂轻轻浮起的年轻人，还不曾回到茶峒来。

这个人也许永远不回来，也许明天回来！

小说是结束了，然而作者却让我们一同沉浸在忧郁的气氛中，和翠翠一起在思念、在等待。

傩送离开以后，独守家乡的翠翠会继续怎样的生活呢？请同学们以“这个人也许永远不回来，也许明天回来”为开头，发挥想象，模仿沈从文的写作风格续写小说，字数不少于 1000 字。

七、活动展示

众所周知，沈从文，作为边地湘西的歌者，以一部诗化小说《边城》，把湘西茶峒地区多彩民俗和秀丽风光带到世人面前。而小说的结尾，一句“这个人也许永远不回来，也许明天回来！”也给人无限想象：这句到底话隐含了小说怎样的主题呢？而这恰恰也是很多同学在阅读《边城》中所提出的困惑。

那今天我们就通过比较和鉴赏同学们原创的续写作品和沈从文小说原著之间的异同来重新解读《边城》的“美丽”与“忧愁”。

关于小说结局的续写，老师综合同学们的意见从上交的文章中挑选了三篇比较有代表性的作品，这节课我们将以媒体发布会的形式来展示这些作品。接下来，我把讲台交给你们，有请发布会的主持人 ××。

八、活动过程

《边城》续写优秀作品媒体发布会

（一）角色组成

发布会主持人、作品发表者、记者媒体代表、出版社发行商代表。

（二）发布会流程及安排

（1）主持人开场白（致欢迎词、简单介绍发布会以及作品发表者）。

（2）作品发表者上台展示作品。

① 展示时间：每人 6 到 8 分钟（共 3 位）。

② 展示内容。

《边城》续写内容概述

从人物形象的一致性看：

■ 你如何解读《边城》原著中的翠翠（及续写中涉及原著的其他人物）？

■ 你如何在续写中展现原著中翠翠（及续写中涉及原著的其他人物）的形象特点？

■ 你如何在续写部分中创设新人物，这样的人物及其命运与原著有何内在联系？

从作品意境的延续性看：

■ 你最喜欢《边城》原著中哪段关于风俗风景的描写（结合文本作鉴赏）？

■ 你如何在续写中借鉴小说原著的意境进行再创作？

■ 你在续写作中所运用的环境（景物）描写对作品的主题或情节有何作用？

从情节改编的合理性看：

■ 你是如何理解《边城》原著的结局（谈谈你对“这个人也许永远不回来，也许明天回来！”这句话的理解）？

■ 你在续写部分对人物命运的重新安排，灵感从何而来（是否借鉴其他作品、如何借鉴）？

③ 展示互动。

作品发表者可以在介绍作品的过程中，可以通过下方式与现场观众进行互动：

a. 截取《边城》中的经典片段，邀请现场观众进行角色演绎

b. 让现场观众谈谈对《边城》的阅读感悟

c. 带领全场观众有感情地诵读优美的文段。

（3）作品发表者接受记者媒体的提问采访。

在所有品发表者展示完毕后，主持人组织现场的记者媒体进行提问，并由作品发表者一一作答。

采访环节注意事项：①语言得体；②表达清晰；③问题明确

（4）出版社发行商代表商议评选签约作品。

探讨话题：你会选择哪部作品进行签约？

探讨思路：结合作品的艺术价值和社会价值等多个角度说明理由。

九、板书设计

《边城》板书设计如图 12 所示。

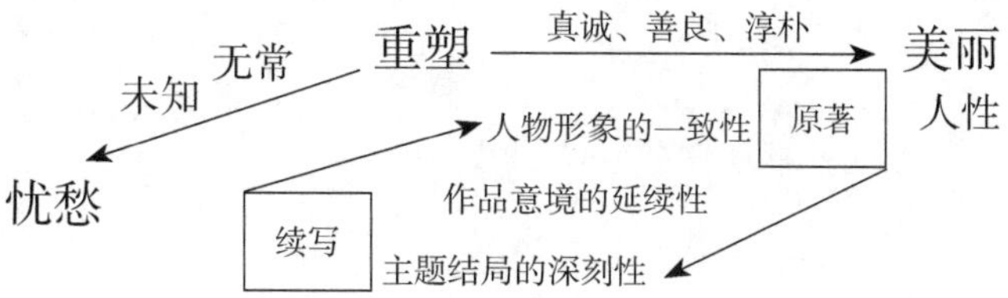

图 12 《边城》板书设计

十、总结延伸

正如沈从文所言："我只想造希腊小庙。选山地作基础，用坚硬石头堆砌它。精致，结实，匀称，形体虽小而不纤巧，是我理想的建筑。这神庙供奉的是人性。"而同学们的续写作品无论结局如何设计，文中的人物都体现着湘西边城的真诚、善良、淳朴的人性之美，这也恰恰证明了刻画人性是文学艺术的永恒主题。人性种种在不同的环境、不同的人物、不同的命运中会产生怎样的变化呢？我们下期的阅读作品路遥《平凡的世界》、余华《活着》会给大家不一样的阅读感悟。

让经典在学生心中“自然生长”

——《边城》阅读活动课教学反思

广州市第十六中学　梁薇子

随着“整书”阅读、活动写作的广泛开展，如何让经典文学名著以更加具体、更具操作性的方式走进课堂，甚至在学生心中“自然生长”，达到“润物细无声”、“信手拈来”的教学效果，是在语文读写结合的课堂上综合展现语文学科核心素养的重要环节。因此，处理好、协调好语言建构与运用、思维发展与提升、审美鉴赏与创造、文化传承与理解之间的关系，是设计好一节完整而有效的活动课的前提。这也是我设计《边城》阅读系列活动的立足点。

众所周知，沈从文，作为边地湘西的歌者，以一部诗化小说《边城》，把湘西茶峒地区生丰富多彩的民俗文化和优美清新的边城风光带到世人面前。它所展现的边远乡民身上的自然、和谐、质朴、善良的人性美，不仅体现了中国十九世纪三十年代那些有良知的文人对人性的思考，更引发了当代人的对都市文明与人类命运的思考。这样的思考就如极具开放性的小说结尾一样，给人无限想象的空间："这个人也许永远不回来，也许明天回来！"而这恰恰也是很多学生在阅读《边城》中所提出的困惑：文章的结局隐含了怎样的小说主题？以学生阅读困惑作为切入点，良好阅读氛围的营造以及学生阅读动机的激发就水到渠成了。

《边城》阅读的系列活动设置了三大活动目标，一是以"翠翠"为切入口，感受人性美，二是通过较原著结局与学生续写的结局，引导学生立足文本，从多角度分析作品的主题及内涵，三是理解作者在这种"优美、健康、自然，而又不悖乎人性的人生形式"中所寄寓的人生理想，最终以"重塑'美丽'与'忧愁'——续写优秀座作品媒体发布会"的形式，集中展示学生的阅读成果，力求让学生在语文实践活动中提升阅读水平，学会用多种视角解读文本，理解文学作品背后所蕴含的社会、文化意义。从活动目标达成的效果来看，这节展示课呈现以下特点。

一、小说三要素能"用起来"

首先，在学生完成文本细读过程以后，布置写作任务：以"这个人也许永远不回来，也许明天回来"为开头，就傩送离开以后，独守家乡的翠翠会继续怎样的生活展开想象，模仿沈从文的写作风格续写小说。其次，从学生上交的作品中，综合学习小组的讨论意见，选出三篇具有代表性的续写作品作为汇报课的展示作品："大团圆版结局"、"另爱他人版结局"、"真假殉情版结局"。再者，让所有的学生参照《〈边城〉结局续写鉴赏分析报告》，对三部学生作品进行文本探究，辩证分析，提出质疑。

从写的角度来讲，学生的续写作品大部分都能灵活运用《边城》的素材进行再创作，在创作的过程中，能从整体上保持人物形象的一致性，从借鉴中保持作品意境的延续性，创设情节凸显结局主题的深刻性。真正把对“翠翠”“傩送”等多个原著人物解读融入写作中，既有放大原著中主要人物身上的某个性格特征，例如在续写作品中更加凸显翠翠对爱情的忠贞，或者结合傩送下桃源的经历对其性格进行合理补充（增加其成熟、稳重的特征），又有对翠翠性格中的“纯粹”元素进行正反两面分析（既是天真，也是幼稚不成熟），从而使翠翠的形象在续写中更加立体。这些都展现学生在解读中所实现的与作品、作家进行对方对话的过程。

从评的角度来讲，活动现场由学生扮演出版商代表在探讨哪个续写版本更好的问题时，给他们以真实的情景和多元化的思考方向，例如学生可从艺术价值去评论，也可以从社会价值去评论，这样的设计与他们模拟的身份是相吻合的，与他们的现代阅读视角是相吻合的，所以在鉴赏和评价的生成过程中，学生自然而然地把《边城》这部作品放在当代，结合自身所处的这样一个复杂社会去重新解读小说的“人性”，例如现代人对经典作品的理解特点，图书出版市场对读者需求的分析，经典作品如何在当代更好地传承，等等，从而对作品的社会价值和意义进行重新定义。

二、个性化创作能“讲出来”

作为整节课的三大支柱，三位作品发表者对其作品的讲解和分析非常关键。在前期的表达指导中，笔者主要从以下几大板块进行指导。

一是人物形象的塑造，在指导学生制定演讲提纲的时候，着重强调“你如何在续写中展现原著中翠翠的形象特点？”“你如何在续写部分中创设新人物，这样的人物及其命运与原著有何内在联系？”有学生在讲述中提到，从原著的悲剧原因来看，天保忠实善良，傩送任性自由，和翠翠性格、地位、生活条件不尽相同；三人间的过分含蓄、情感的懵懂注定了翠翠根源悲剧。从再现小说的主题来看，翠翠想要拥有一个完整而幸福的结局，应与平常的、浪漫的普通男子结合，因而需要重新创造一个人物，而这个人物应既有傩送般聪敏、贴心又无傩送酷爱自由的特性。这样的处理不仅使作品更具阅读的趣味性，也给予学生充分的想象空间。

二是作品的艺术借鉴，学生要把自己续写作品最精华的部分展示给读者，就必须遵循“原文—借鉴点—再创作”的表达思路来组织自己的演讲内容，因而在课前指导时，引导学生从“叙事视角”“意象再现”“细节借鉴”等多个角度入手，去重新梳理原著与续写作品之间的关系。在课堂呈现的成果来看，有学生既有沿用原著中“端午节”背景来再现湘西多彩民俗，在此基础上以节日的喜庆欢乐的氛围反衬翠翠思念傩送的忧愁伤感；也有学生大胆地改变原著中意象原有的象征意义，例如“白塔重建，黄狗脱单，再买新船”等等，意在为翠翠的“重生”埋下伏笔；还有学生结合自己在乡村生活的经历，在作品中补充了很多具有边城生活气息的小场景，并在现场展示中设计了与读者互动的环节，例如表演某个续写片段，带领全体观众一起朗读文章的精彩片段等等，让更多的学生参与到活动当中，很好地促进个性化领悟的生成。

三是结局的重新解读，从心理学的角度来讲，一个人在遭遇人生变故后，他的性格、言行举止很有可能会发生改变。原著中翠翠连遭人生变故，就为学生想象续写提供了可能，但这种可能必须以原著结局解读作为依据。因而，学生在展示中所得出的任何结论都必须有原文的解读作为依托，这就需要引导他们在讲述时梳理清楚原著的引用分析与续写创作的依据灵感之间的相互关系。从课堂呈现的效果来看，有作品发表者根据“这个人也许永远不回来，也许明天回来！”这样的开放性的结尾把翠翠傩送二人再次重遇并结合作为续写结局，其缘由一是“大团圆结局”是沈从文所追求的“人性美”最直接的展现，二是参考了沈从文和张兆和青年时代的爱情故事，再现沈老温暖清新的笔调；三是“那个坍圮了的白塔，又重新修好了”所具有的重生的象征意义。也有作品发表者根据原著结尾的“也许”二字解读出这既是留白也是巧合：即无论傩送翠翠是否在一起，都会给作者主题带来缺憾，从小说的特性与原文主题来看，没有结局，是最好的结局，因而，学生在讲述中提到，“不去确定她的结局，不去确定她的情感，不去决定她的人生；这是我的猜测，这是我的祝愿，也是我的祝福；因为不确定，这才是翠翠应有的生活。”这样的讲述，既充分地展现了学生方方面面的语文素养，又给教师的课后点评提供了更多的素材和角度。

三、多元化解读能“争出来”

在活动课的设计中，我设置了“记者提问采访”的环节。

从问的角度来讲，学生通过前期细致的文本分析，把自己个性化阅读的思考融入小说原著的解读中，并通过比较续写与原著结局的差异，重新梳理《边城》的主题内涵：人性。既有真诚，又有愚昧；既有善良，也有冷漠；在此基础上，学生能提出具有深度甚至是尖锐的问题，例如有学生问道，“以大团圆作为结局是否违背了沈从文提出的‘美丽总令人忧愁’的创作初衷？”“原著中的翠翠性子单纯柔弱，具有这样性格的女孩时候真的会为一个不确定回来的人而奋不顾身甚至去殉情吗？”“续写作品对当代读者有怎样的意义？”这一系列的问题在课堂上能形成话语激烈的交锋，从而产生思想的交流，随着交流话题的逐步推进，学生对《边城》原著的悲剧结局有了更深入的理解。

综上所述，本次活动课的三大综合目标基本达成。但在一些细节的处理上还有待改进，例如整节课由学生主持，教师只在课堂导入和总结阶段作引导和总结，如何主导学生更好地把控整个活动，让学生学会灵活处理一些意外生成，更好地把教师主导和学生主体相结合是需要我课后进行反思的；再者活动课的最后一个出版商讨论并选取出版作品的环节略显仓促，有些有深度、有意义的话题没有很好地展开讨论，在教学内容的取舍、教学节奏的收放上仍显经验不足，需要不断总结；最后活动设计在现场互动的相关环节上还略显单薄，学生参与面可以更大一些。

在碎片化、电子化阅读盛行的今天，提高学生的阅读质量，增强学生过对经典阅读的兴趣，进一步提升学生的思维品质，关键在于建构经典作品在当代的嵌入方式，挖掘经典的时代生命力，同时让学生在经典中寻找真我，追问价值，形成判断，拓展视野，真正让经典在学生心中自然生长。

读懂真实人生

——《围城》阅读活动方案设计

广州市第十六中学　梁秋燕

一、活动背景

随着教育改革的深化，国务院对“全民阅读”越来越重视，尤其重视对学生阅读的引导，提倡“好读书，读好书，读整本书”，还提倡阅读具有传统文化内容的经典作品。

《围城》是钱锺书所著的长篇小说，它并不像同时代其他长篇小说那样吸引人，这部小说的真正魅力似乎主要不在阅读过程，而在读完整本之后才产生。它是中国现代文学史上一部风格独特的讽刺小说，被誉为“新儒林外史”。书名取自书中才女苏文纨的一句话：城外的人想冲进去，城里的人想逃出来。《围城》从“围城”这个比喻开始，淋漓尽致地表现了人类生活中无处不在的如“围城”般的真实困境。

钱锺书在这本书中用充满幽默的笔调刻画了一批以方鸿渐为代表的三四十年代的知识分子形象。他们游离于当时的抗日烽火之外，虽然都是留学归来，受到了西方文化的熏陶，但他们没有远大的理想，又缺乏同传统势力和思想斗争的勇气，结果无法把握自己的生活和命运。作者深刻剖析了这群人的个性与道德上的弱点，揭示了他们的精神困境。同时，作者也通过对方鸿渐经历的叙述，传达出自己对于生活的思考。因此具有很高的艺术价值，值得推荐给学生阅读。

二、活动设想

现实中，很多学生都读不懂《围城》，或者因为生涩的语言，或者因为久远的时代，或者只当作了一本言情小说来读……针对此，我希望通过开展语文综合性实践学习活动，让学生品味《围城》的幽默生动的语言，同时能让一个个活生生多维立体的人物形象出现在学生面前。在品读语言、鉴赏人物的同时，还希望进一步地帮助学生挖掘主题，即人性背后折射出来的人生困境。这一切都有利于培养发展学生的表达能力、表演能力、收集整理信息的能力、文学鉴赏能力、评价人物形象的能力等，使学生对知识的认识达到整体化，使认知对情感的影响直接化，促使学生在知识、能力、态度、价值观等方面协调发展。

三、活动目标

（1）在学生充分阅读《围城》的基础上，积累一些经典名句，体味其中的修辞等艺术手法，汲取中国经典文学作品丰富优美的语言营养。

（2）能够全面、客观地分析人物的能力。

（3）培养学生语言文字的积累能力、表达能力，以及能够全面、客观地分析人物的能力。

（4）通过学习，培养学生研究性学习的能力。

四、活动方式

阅读、上网、到图书馆搜索资料、创作、活动小组成果展示等。

五、活动时间

两周时间。

六、活动过程

（一）导读

（1）教师介绍《围城》的作家、作品、评价等，对《围城》有大致的认识；

（2）播放《品读经典》节目，吸引学生的兴趣；

（3）观看《围城》电视连续剧，加深学生对作品的认识。

（二）感悟人物形象

（1）在《围城》中选取你最感兴趣的一个人物（或一类人物），为他（她）们填写人物积累卡。如表 15 所示。

如《围城》中的女性分析：

① 放荡不羁的鲍小姐。

② 孤傲自赏的苏文纨。

③ 洁如明镜的唐晓芙。

④ 虚荣狭隘的孙柔嘉。

如《围城》中的男性分析：

① 优柔寡断的方鸿渐。

② 坦诚明白的赵辛楣。

③ 心怀叵测的高松年。

④ 不学无术的曹元朗。

表 15 《围城》人物阅读积累卡

<table>
<tr><td>喜爱人物</td><td></td><td>国籍</td><td></td><td>时代</td><td></td><td>人物类别</td><td></td></tr>
<tr><td colspan="8">人物主要人生经历</td></tr>
<tr><td>时间</td><td colspan="7">主要事件</td></tr>
<tr><td></td><td colspan="7"></td></tr>
<tr><td></td><td colspan="7"></td></tr>
<tr><td></td><td colspan="7"></td></tr>
<tr><td>与其他人物关系图</td><td colspan="7">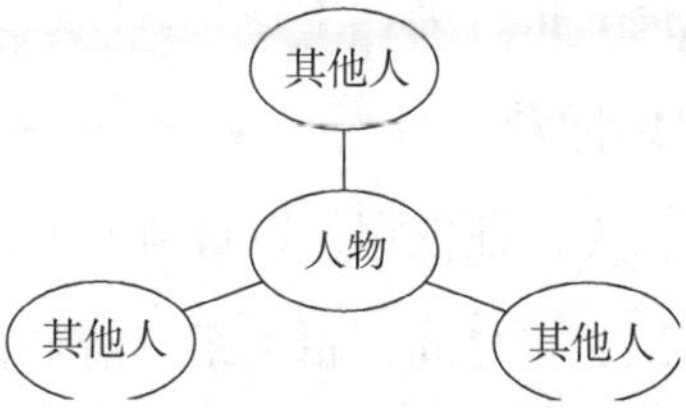
</td></tr>
<tr><td>我对人物的简单描述（使用概括性的形容词）</td><td colspan="7"></td></tr>
<tr><td>人物的名言警句摘要</td><td colspan="7"></td></tr>
<tr><td>作者对人物评价的主要观点</td><td colspan="7"></td></tr>
<tr><td colspan="8">通过阅读这个人物，我们可以获得以下价值观点（观点与材料）</td></tr>
</table>

（2）按所选人物相同进行分组，小组成员共同制作人物展示 ppt，并在班里进行展示。

（三）学术论文初写作

（1）进行学术论文写作的教导。

①写论文的基本流程：

科学选择题目、全面搜集材料、准确提炼观点、合理安排结构、精心起草修改。

②小论文的基本选题：

人物类、情节类、批判类、主题类、创意类5个方向。

③小论文常见的问题：

a. 观点不鲜明，无论证依据，以材料罗列代替观点。

b. 层次不分明，观点之间逻辑关系不清晰，论据重复、混乱。

c. 论据不充分，用个别例子进行单薄论述，不能全面分析。

2. 布置写作任务

文学评论界对钱锺书《围城》评论褒贬不一。一个文学家要看他在审美创造上对时代有没有独特的贡献，他有没有对一种语言的文学创作贡献出独特的什么图式。评论一个学者，则要看他在思想上对时代有没有做出独特的体系性的解释。从这个角度上讲，不论是对一个文学家还对一个思想家要求都是很高的。你是如何看待钱锺书的《围城》呢？请以充分的理由说明你的观点。

（四）专家专题讲座

（1）邀请广州大学人文学院李俏梅教授进行《智者的微笑》的专题讲座。

（2）听完讲座进行反馈。

（五）学术论文再写作

（1）修改自己已经完成的学术论文并上交。

（2）老师进行整理汇编，评选出优秀作品并发布到微信公众平台。

（六）我读我演

参考电视连续剧，按之前所分的小组，学生根据他们共同感兴趣的任务，选择其中自认为最精彩的一段故事情节进行剧本改写，然后进行剧本排练，最后在阅读课上进行表演。

七、活动评价

（1）评价阅读积累表完成情况及质量。占总评成绩 40%。

（2）在阅读活动中，对学生的作品、演示进行过程性评价，占总评成绩 40%。

（3）学术论文写作占总评成绩 20%。

八、附录：学生反馈

智者的微笑

君武 1 班　黄文希

今天迎来君武讲座，主要是分享《围城》的读后感。

钱锺书是一个书痴，果然是人如其名，他钟爱读书的好处在《围城》这本书深深体现了。这本书里的语言描写很精彩，“无毛两足动物的基本根性”这句话既突显文章主题，也有深深的讽刺意味，使人读起来意味深长。

另外文章的主题非常鲜明、突出。这本书围绕着一个“假”字，通过对知识分子的生存窘相、精神病态的描写，突出对当时人性弱点的洞察：作假、不诚实、作态，折射出当时人们的腐朽、虚假。

最吸引的是书中所描写的世界。作者用类似“上帝之眼”的角度，全方位洞察当时的社会，写出当时世界喜剧性和人生悲剧性，两者形成强烈对比，为读者带来震撼的心灵感受。

《围城》是属于智者的微笑，深刻反映当时社会旧态，为我们带来震撼心灵的感受。

《围城》中的人生智慧

君武1班　黄祖莹

看人看事眼光独到，付诸笔下，又纤毫毕现，妙趣横生。这是读者们对《围城》的中肯评价。

下面，让我们走进《围城》中的人生智慧。

第一,《围城》中各式各样不同性格的人让我们洞察到人性的弱点，所以，它又被称为“新儒林外传”。例如书中主人公方鸿渐看似聪明，但却懦弱、心高气傲，最终导致了他一事无成的结果。这又是一部知识分子的自我批判书，但我们不要认为这些弱点只有知识分子才有。

第二,《围城》中讲述了人性弱点与其文化土壤。一部小说离不开文化知识的积累。人性中最普遍的弱点是不诚实、作假、作态。文章中的人物不论是有意还是无意的，为名的还是为利的，还是谋爱的，他们的各种作态行为仿佛就刻在钱锺书的笔下成为他们生活日常。不分国界，不分男女，不分老少，《围城》一书被读者们认为是一本做作作态大全。

全书以男主方鸿渐的爱情生活和事业发展为线索，给我们讲述了世界的喜剧性（即小说的戏剧性）和人生的悲观性。

最后，我们以《围城》中一句经典名句作为结尾：被围困的城堡，城外的人想冲进去，城里的人想逃出来。

悦读经典·走进三国

广州市第十六中学　刘　虹　梁秋燕

一、引言

目前，普通高中语文课程改革中的一个重要导向，即十分重视课外阅读，其目的是让学生努力扩大阅读视野，学会正确、自主地选择阅读材料，读好书，读整本书，丰富自己的精神世界，提高文化品位。同学们要想全面提高语文素养，就必须加强文学经典阅读。如果同学们能够科学地、完整地、有计划地读一批有质量的书，肯定会受益匪浅。我们十六中语文科组根据新课标要求，开展了名著导读综合实践活动，取得了很好的教学效果。下面以粤教版语文“必修 1”第四单元的“推荐阅读”——“包罗万事的历史画卷——《三国演义》”为例设计了“走进三国”名著阅读活动。

二、具体做法

（一）读三国

利用暑假的时间，请同学们认真阅读“人民文学出版社”版的《三国演义》。

（二）看三国

你可以在网上观看《三国演义》中的有关电视片断。像“孔明出山”“火烧博望坡”等，加深对刘备、张羽、关飞、诸葛亮等人物的了解。

（三）唱三国

电视剧《三国演义》的片头曲《滚滚长江东逝水》听来豪放、浑厚、悠远而略带苍凉，请学唱这首主题曲及其他精彩插曲。

（四）抄三国

有关《三国演义》的成语、歇后语、诗词、对联，大家都耳熟能详，但又有谁去留心收集呢？做一回有心人吧。请分类摘抄。

（1）摘抄《三国演义》中的成语：如乐不思蜀（刘禅）煮豆燃萁（曹丕、曹植）。

（2）摘抄《三国演义》中的歇后语：如曹操吃鸡肋——食之无味，弃之可惜。

（3）摘抄《三国演义》中你喜欢的故事情节中的对联或故事情节中的论人、叙事、抒怀、明理中的四言短联或篇章结构上的回目联、回尾联和插入联。

（五）说三国

（1）请把你最喜欢的一段故事读给父母、同学或者朋友听，努力读得生动些。

（2）选择一个精彩的故事片段讲给父母、同学或者朋友听，或者自己对着镜子讲，力求讲得精彩。（要求：说出书名、人名和有关故事情节，在叙述中至少运用细节、语言、环境、动作、心理描写中的任意三种；一个故事，选择三种方式说：10 分钟、5 分钟、1 分钟，训练自己的概括能力）

（六）赏三国

请选择你最喜欢的对联或摘抄与三国内容有关的诗词并试作赏析。

（七）演三国

如果你有兴趣，你可以自编、自导、自演现代版的《桃园三结义》《三顾茅庐》等。

（八）诵三国

与名著有关的诗词凝聚着名著的精华，如《赤壁怀古》《蜀相》……请挑选自己喜欢的诗词朗诵，去感应名著跳动的心音吧。

（九）品三国

（1）言简意赅，述三国：挑选你最喜欢的两回，概述这两回的主要情节。以回目为纲，补充记叙要素（何人、何地、何事、何因、何果），学会提纲挈领，快速掌握主要内容。

（2）惟妙惟肖，绘三国：在概述故事梗概之后，选取自己最感兴趣的一个情节、一个场面在原著的基础上进行再创作，虽然主要内容不变，但可增加画面设置、运用细节描写、修辞、语体转换等。

（3）各抒己见，品三国：请从你挑选的两回中，选取一个角度（如这两回塑造的人物形象、运用的表达技巧、创作的诗歌、情节与史实比较的真伪等），发表自己的看法。

（十）写三国（三个题目，任选两个）

（1）请同学们评一评《三国演义》中你最熟悉的一个人物。假如这个三国人物来到了你的面前，请以“××，我要对你说”为题，写上一段话，看看谁写得精彩。或者写一篇读后感。不少于800字。

（2）《三国演义》第二十一回中曹操与刘备青梅煮酒，“操曰：‘夫英雄者，胸怀大志，腹有良谋，有包藏宇宙之机，吞吐天地之志者也。’玄德曰：‘谁能当之？’操以手指玄德，后自指，曰：‘今天下英雄，惟使君与操耳！’”。

对“雄”的认识有多种，如英雄、枭雄、奸雄等。你认为《三国演义》中谁是真正的英雄？请写一篇不少于2000字的文章，谈谈你的看法。（题目自拟）

（3）在中国的古典小说中，《三国演义》的艺术成就并不是最高，但它的影响却是深远的。听“三国”，议“三国”不仅成为人们繁忙工作后的一种娱乐，而且据说日本、我国台湾很多大企业决策者的书桌上都有一本《三国演义》，它为很多人决胜商场提供了智慧的源泉，现今的《三国杀》亦成了最受青少年欢迎的桌游……

粉墨登场乐一回

——《宝玉挨打》戏剧表演活动课教学设计

广州市第十六中学　阳玉莹

一、活动背景

戏剧是舞台的艺术，剧本是舞台表演的依据。阅读、欣赏优秀的剧本是一种美好的文学熏陶和享受。但是，受到高考不考的影响，戏剧和其他三种常见文学体裁相比，一直处于语文教学的边缘。而戏剧在审美、表达和教育方面有独特作用，能指导人处理生活中的危机，让人活得更从容、更自在、更超然、更积极。依照 2017 年版《普通高中语文课程标准》“语文学习任务群”的课程设计要求，我认为改变戏剧教学现状的最好方式就是尝试开展戏剧类的学习任务群活动，让学生在“看、读、写、改、演、评”中培养鉴赏戏剧、创作戏剧和表演戏剧的兴趣和能力。

二、活动思路

高一下学期开始，我让学生通过看《城南旧事》《雷雨》和《宝玉挨打》的电影和《演员的诞生》综艺节目，感受戏剧的艺术特点，尝试模仿戏剧表演的动作和神情；通过读粤教版必修五《雷雨》和《城南旧事》的剧本以及粤教版必修四《宝玉挨打》的小说，发现小说和剧本的异同，学会揣摩人物的语言和动作；通过写《宝玉挨打》剧本，学习剧本格式和写作要求；通过改剧本中台词、舞台提示等方面的内容，不断加深对人物语言和动作的锤炼；最后，通过必修五第三单元表达交流活动的演和评，学会从表演中对戏剧进行再创作，尝试对戏剧进行分析和鉴赏。

三、活动目标

（1）知识目标：理解戏剧的概念，熟悉剧本的格式，重点了解剧本语言的类别和舞台提示的特点和作用。

（2）能力目标：对比阅读剧本和小说，了解小说和剧本在情节、语言、动作、场景等方面的异同，培养阅读能力和分析能力；以小说为抓手，以情节和人物对话入手写作剧本，培养写作能力；排练戏剧和表演戏剧，培养语言表达和表演能力。

（3）情感目标：把握剧本中人物的内心情感，进入角色体验人物的命运，从而培养热爱生活、热爱艺术的情怀。

四、活动方式

模拟"《新红楼梦》电影招标会"的情境小组间竞赛、评标委员会和观众多元评价、多媒体展示。

活动课时：1课时。

教学对象：高一（10）班。

五、活动过程

（一）活动准备

（1）布置戏剧类学习活动任务群。

任务一：戏剧概念和剧本格式学习（训练理解能力）。

任务二：《宝玉挨打》情节、人物形象和社会背景分析（训练阅读能力）。

任务三：基于《宝玉挨打》语言和动作改写剧本（训练写作能力）。

任务四：小组形式排练戏剧（训练语言表达和表演能力）。

任务五：情景式戏剧表演活动展示（训练临场发挥能力）。

（2）布置活动展示课工作。

① 将整个班级带到学校礼堂进行活动，把礼堂布置成《新红楼梦》电影招标会现场，教师作为主持人，全班学生分为应招剧组、评标委员会和观众评审团三部分。其中，应招剧组4个，人数为8~10人，人员分别对应编剧、导演和演员这三类角色，主要凭借自己的剧本和表演争取拍摄权；评标委员会人数为12人，主要从剧本写作方面直接评选出最佳剧本和最佳编剧，并通过答疑等形式选出最佳导演，最近男女主角和最佳配角（得分占比60%）；剩余同学为观众

评审团，主要通过投票形式评选出最佳男女主角、最佳配角三个奖项（得分占比 40%）；最后，选出的编剧、导演和演员将组成最终的电影拍摄剧组，招标方代表为其颁发奖状。

② 评标委员会坐在舞台正下方，四个剧组坐在其后三排，最后为观众评审团。评标委员会和剧组座位上有水牌。舞台上 PPT 投影戏剧布景，舞台上设置移动幕布两块（由两名学生负责推拉）。

③ 按各幕出场人物提前租赁对应戏服，并按各幕布景要求准备道具。

（二）展示课过程

《宝玉挨打》戏剧表演展示课过程如表 16 所示。

表 16 《宝玉挨打》戏剧表演展示课过程

环节与内容	时间	学生活动	教师活动	设计意图
主持开场	3 分钟	认真了解比赛规则，各类角色各司其职，第一个剧组做好准备	教师担任活动主持人，介绍应招小组，宣读比赛规则	明确比赛规则，渲染比赛气氛
剧组应招	20 分钟	四个剧组根据剧情设计（见附录）依次进行表演，评标委员会和观众评审团根据评分细则进行打分，记分员进行统分	组织活动，引导学生提问与思考	通过戏剧的表演了解戏剧的语言、动作和场景的设置等知识
招标方点评和颁奖	10 分钟	评标委员会进行提问和点评，剧组导演进行回答。最后，评标委员会根据票数评选出最佳剧本、最佳导演、最佳主角和最佳配角奖项，并宣布获奖人员组成最终的电影拍摄剧组	组织活动，引导学生提问与思考	通过评标委员会的点评学会从剧本的写作和舞台的表演等方面评价戏剧
主持总结	2 分钟	总结经验，拓展思维	教师就整节课进行总结	总结戏剧学习经验

（三）活动评价表

《宝玉挨打》戏剧表演剧本写作评价表如表 17 所示。

表 17 《宝玉挨打》戏剧表演剧本写作评价表

<table>
<tr><th colspan="4">剧本写作评价表</th></tr>
<tr><td colspan="4">第＿＿＿＿幕，第＿＿＿＿组
编剧：</td></tr>
<tr><td>序号</td><td>评价项目</td><td>评价要点</td><td>得分</td></tr>
<tr><td>1</td><td>剧本内容（20 分）</td><td>1. 人物介绍准确，完整。（5 分）
2. 场景介绍符合小说内容，具有创意。（10 分）
3. 该幕故事情节完整，与前后几幕衔接自然。（5 分）</td><td></td></tr>
<tr><td>2</td><td>台词设计（40 分）</td><td>1. 通俗、简练、明确、口语化。（10 分）
2. 能充分地表现人物的性格、身份和思想感情。（20 分）
3. 能运用对白、独白、旁白等多种语言形式。（10 分）</td><td></td></tr>
<tr><td>3</td><td>动作说明（40 分）</td><td>1. 能根据人物性格、身份设计动作，准确展现人物情感与内心世界。（20 分）
2. 动作说明连贯、完整、简明扼要，能符合剧情需要，与人物语言契合度高。（20 分）</td><td></td></tr>
<tr><td colspan="3">总分：</td><td></td></tr>
<tr><td>个人意见</td><td colspan="3">评审人：</td></tr>
</table>

《宝玉挨打》戏剧表演评价及演员推荐表如表 18 所示。

表 18 《宝玉挨打》戏剧表演评价及演员推荐表

戏剧表演评价及演员推荐表			
第 ________ 幕，第 ________ 组 导演： 主演： 配角：			
评价项目	**评价要点**	**得分**	**推荐名单**
导演	1. 整幕剧的风格统一，符合剧本要求。（50 分） 2. 能根据剧本对各个成员提出具体的任务和技术要求，并统筹全员。（50 分）		
演员	语言：普通话标准，咬字清晰、流利，台词自然顺畅（30 分） 动作：姿态自然、大方，肢体语言、表情与内容相符，能根据剧本要求表现人物的性格（35 分） 情感：情感自然流露，不做作；情绪表达有层次、有变化（35 分）		最佳主角： 最佳配角：
个人意见	评审人：		

《宝玉挨打》戏剧表演剧情设计如表 19 所示。

表 19 《宝玉挨打》戏剧表演剧情设计

剧幕	故事大纲	出场人物	表演道具
序幕	宝玉因知金钏儿死了，心里不是滋味，刚走出来就撞着他父亲（贾政），贾政见他不像平常那般顶撞，便生气责备	宝玉、贾政、小厮	无
第一幕	忠顺亲王府的长史官登门找贾政。经过一番了解，贾政又惊又气，叫人马上找宝玉来质问	宝玉、贾政、忠顺府长史官	茶杯、红汗巾
第二幕	贾政送走了长史官，回头看见贾环，贾环乘机挑拨，污蔑宝玉逼死了金钏。贾政听后暴跳如雷，直喊要打死宝玉	贾政、贾环、小厮	无
第三幕	宝玉听说要打他，想找人报信，但只遇见个聋的老姆姆。消息传达不出，宝玉急得团团转，只能被贾政的人抓走	宝玉、老姆姆、小厮	绳子
第四幕	贾政见到宝玉便打，门客见劝说无效，便偷偷去报信。于是王夫人跑来劝贾政，贾母前来喝退贾政，这才把宝玉救出来	宝玉、贾政、小厮、王夫人、贾母、凤姐	长凳、绳子、板子

粉墨登场乐一回

——《宝玉挨打》戏剧表演活动课教学反思

这是我第一次开展戏剧类的学习任务群活动教学，这其中经历的困难，我深深体会到了。任务群活动课教学，不同于一般教学，也不同于一般的活动课教学，这是一个漫长的过程。为了让最后的展示呈现出较好的效果，我从这个学期开始就着手设计和安排系列任务群教学，这其中包含了戏剧概念和剧本格式教学、《宝玉挨打》情节、人物形象和社会背景分析教学、基于《宝玉挨打》语言和动作改写剧本教学和小组形式排练戏剧的教学等多个系列教学，一步一步循序渐进地从“看、读、写、改、演、评”中培养学生鉴赏戏剧、创作戏剧和表演戏剧的兴趣和能力。所以，就单从这类任务群活动课的前期准备来看，它是漫长而耗费精力的，特别是戏剧的排练，需要老师不断的培训和指导。

如果从整个任务群活动课的层面去反思的话，我觉得我前期的教学还是很不足的。受到课时的限制，我没能完全调动学生的兴趣，我自己的备课和讲授仅仅是浮于表面没有深化。所以，在最后的展示课环节，会有老师提出有关于红楼梦风格和人物解读不够深入，导致学生表演有所偏差的问题。如果以后要做任务群活动课的时候，一定要在前期的讲授式教学时给学生展示整个任务群活动，告诉学生他们将会收获的能力，最大限度地调动他们参与系列活动的积极性。除此之外，每一节讲授课也要认真设计和布置课后作业，根据教学目标提前做好学生活动的任务包，在每一次任务结束后真正落实讲授所要达到的目标。而这，是需要提前统筹并且在实践过程中不断修改的。

如果从最后的“《新红楼梦》电影招标会”的情境展示课来说，那么总体上还算是成功的。其实，从任务三开始，我就根据学生能力和任务的完成情况，把学生分成具有编剧、导演、评审等几个部分，再去布置不同的小任务。所以最后呈现的时候，学生能最大限度地发挥自己的特长，能很好地总结参与活动的收获和经验。在这堂展示课上，我按照招标会的流程设计了四个环节：现场考察、评标、互动和定标，分别对应教学的展示和评价环节。展示环节的四幕剧《宝玉挨打》是花费了一周的晚自习提前排练好的，所以效果很棒。但是评价环节，还稍有欠缺，比如，评审团的评审有点死板苛刻，观众评审时教师的引导较为单薄，缺少演员自我的评判。所以，教师的引导和评价也是非常重要的，我这次就没有认真思考和引导学生互评、学生自评，导致最后也是最重要的评价环节做得不够到位。

“教师不是主持，活动不是汇报。”这是评课老师一致认为的观点，对此，我也表示赞同。在这种任务群活动课教学中，教师绝对不能只是发任务和串场子的配角，教师一定要展现出比一般授课更加多的引导和评价，通过不同的方式去反馈，去优化，这样才能真实落实教学目标，真正培养学生能力。除此之外，本堂展示课也暴露了我在教师技能上的一些不足，比如眼神飘忽不定，动作不够放开等问题，今后我还要反复训练，尽快改正，向优秀教师的道路迈进。

品读经典之美，感悟自然之诗

——《瓦尔登湖》教学设计

广州市第十六中学　梁秋燕

一、教材分析

《瓦尔登湖》是粤教版语文必修3第一单元“感悟自然”中的一篇参考阅读文章。“感悟自然”是一个活动课单元，单元活动的目的是培养学生热爱自然、关注自然的美好情感；同时感受自然界的生机，领悟生命的意义，思考人与自然的关系。单元活动的目的是培养学生热爱自然。课文《瓦尔登湖》节选自美国作家亨利·梭罗的散文随笔集《瓦尔登湖》的第十节“湖”。文章细腻地描写了瓦尔登湖的湖水的颜色，着重表现了瓦尔登湖深邃和清澈的特点。从作者充满情趣的细腻描写中，可以体会到作者明净无尘、悠然自得的心境。

二、学情分析

因为是异地教学，上课之前没有接触过学生，也无法做太多的课前学习任务的布置；据七中老师介绍，该年级学生用的是人教版，因此无法对整个单元进行有效关联；同时该班是一个文科普通班，跟另外两位老师上课的重点班级相比，应该对文本理解的整体水平比较弱一些，需要老师设计的任务和开展的活动多一点，才能更好地激发学生阅读的兴趣。

三、教学目标

目标 1：通过学习本文用词多变，时间和空间的变换、细腻描写颜色等写作方法，增加学生言语经验的累积。

目标 2：体会作者热爱大自然的情感，追求宁静恬淡的生活态度，提升阅读与鉴赏的能力。

目标 3：通过对单篇文章的学习，引导学生进行整本书的阅读，并延伸至同类型的相关书籍。

如表 20 所示。

表 20 《瓦尔登湖》教学目标

	1 记忆	2 理解	3 运用	4 分析	5 评价	6 创造
事实性知识						
概念性知识						
程序性知识		目标 1		目标 2		
元认知知识					目标 3	

四、教学重点

目标 1。

五、教学难点

目标 2。

课时：1 课时。

六、教学过程

导入：从 4 月 23 日国际读书日开始，引出与《圣经》《小王子》同时被评为“塑造读者人生的 25 部首选经典”的《瓦尔登湖》，并介绍整本书的各章节。

环节一：初读——重体验

学生活动：回答问题“你喜欢瓦尔登湖吗？为什么？”

设计意图：以学生的阅读体验为出发点，明确学生的学习情况，有利于下一步的教学。

环节二：再读——懂概括

学生活动：通过回应“瓦尔登湖是上帝的一滴泪”，寻找概括瓦尔登湖特点的形容词。

设计意图 1：明确瓦尔登湖清澈的特点，体会作者用词的丰富性。

设计意图 2：借关键词梳理出文本大体思路，进一步点出瓦尔登湖颜色多变的特点。

环节三：细读——明写法

学生活动 1：完成节选文本选词填空。

设计意图：感受作者用极其丰富的语言进行颜色的描写。

学生活动 2：赏析节选文本的写作手法进行。

设计意图：以点带面，感受作者写景手法的多样性和自如。

学生活动 3：配乐朗读。

设计意图：在音乐声中朗读进入画面，代入文本，披文入情。

如图 13 所示。

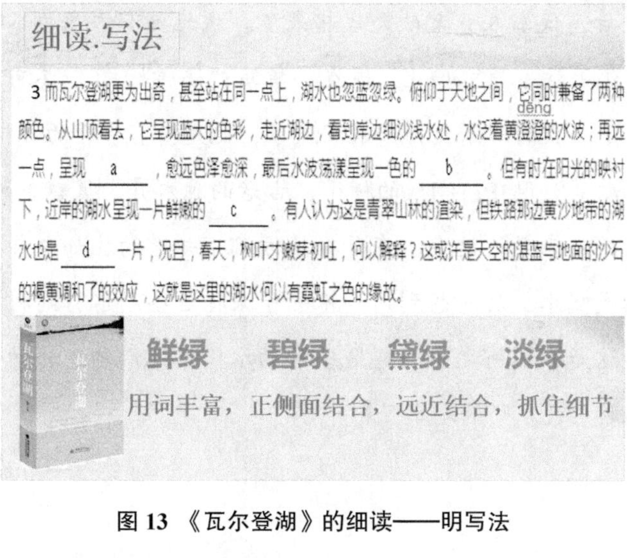

图 13 《瓦尔登湖》的细读——明写法

环节四：品读——悟生活

学生活动 1：想象一下此时作者的心境是如何的?

设计意图：学会抓住特点体会情感，感受情景的交融。

学生活动 2：讨论你是否愿意放弃喧闹繁华的都市生活，到静谧清幽的湖边生活?

设计意图：引出对作家梭罗及其经历的介绍，并比对与陶渊明的区别。

学生活动 3：朗读《瓦尔登湖》的另一段节选，了解梭罗的主张。

设计意图：了解这一类生态散文作家的追求及关照自己的人生，让学生感悟自然。

我宁愿把一日中最宝贵的光阴这样虚掷，因为我是富有的，虽然与金钱无关，我却拥有阳光照耀的时辰以及夏令的日月，我挥霍着它们。可是，自从我离开这湖岸之后，伐木人竟大砍大伐起来了。从此要有许多年不可能在林间的甬道上徜佯（编著注：原文如此，现在一般写“徜徉”）了，不可能在这样的森林中遇见湖水了。我的缪斯女神如果沉默了，她是情有可原的。森林已被砍伐，怎能希望鸟儿歌唱？现在，湖底的树干，古老的独木舟，黑魆魆的四周的林木，都没有了，村民本来是连这个湖在什么地方都不知道的，如今却不但没有跑到这湖上来游泳或喝水，反而想到用一根管子来把这些湖水引到村中去给他们洗碗洗碟子了。这是和恒河之水一样地圣洁的水！而他们却想转动一个开关，拔起一个塞子就利用瓦尔登的湖水了！

——节选《瓦尔登湖》

环节五：静读——觅诗意（课后完成）

任务 1：走进书中，选择喜欢的章节进行阅读。

设计意图：引导学生走进经典名著，走进整本书的阅读。

任务 2：走进自然，选择喜欢的校园小景，模仿课上学到的手法进行写作。

设计意图：感悟自然，回扣活动单元，让学生感受诗意的栖居。

如图 14 所示。

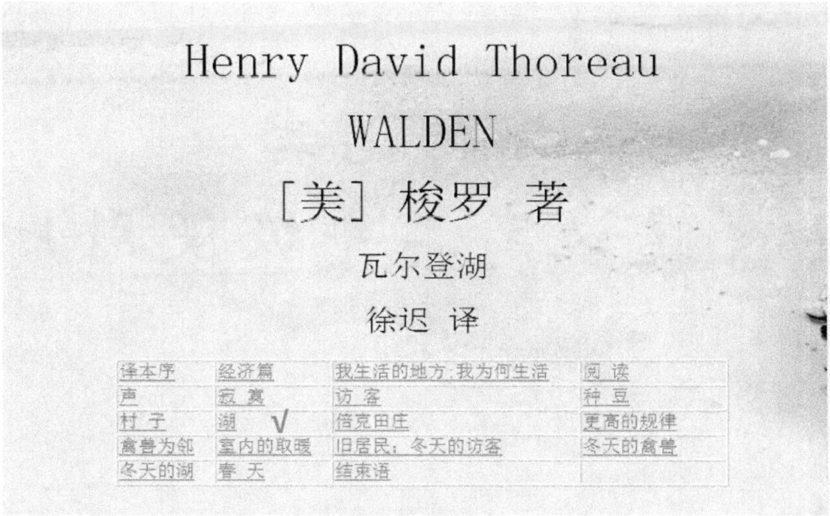

图 14 《瓦尔登湖》静读——觅诗意

板书设计：

湖（景）

清澈、纯净

人（情）

朴素、淡泊

2. 传记类
（建议高二年级使用）

印象·李鸿章

——《李鸿章传》整本书阅读分享活动

广州市第十六中学　张　迎

一、活动目标

（1）知识与能力目标：让学生通过小传、书信、挽联、悼祭文、访谈、新闻报道、解说词、活动总结等学习任务群方式，综合培养学生查阅、整理、筛选、整合资料的能力，培养良好的阅读习惯。

（2）过程与方法目标：利用《李鸿章传》目录，学生为李鸿章设计纪念馆。学生小组合作探究完成阅读任务，带动学生阅读，激发学生对《李鸿章传》整本书的阅读兴趣；并通过评说传主的方式提高学生的探究意识和批判质疑的能力。

（3）情感态度与价值观目标：通过概括传主的主要事迹，探究传主李鸿章独特的人生道路和思想形成过程，丰富学生的人生经验，提升学生的人文素养，获得有益的人生启示。

二、活动设想

《李鸿章传》一书从李鸿章的早年落拓，写到他镇压太平天国，而办洋务使其声望达到顶点，再到甲午战争撞碎其强国梦，最后只能周旋于列强间直至死去的人生经历。利用该书的目录，让学生根据学习任务群要求，关注李鸿章人生历程中的重要节点、事件、思想变化，建构抽取要点、再现还原和建立联结等阅读策略，让学生学会如何阅读传记，把握传记文学真实性和文学性统一的特点，进而迁移到其他传记阅读。

三、活动过程

（一）活动回顾，成果展示

介绍《李鸿章传》整本书阅读过程中取得的阶段性阅读成果。

设计意图：通过介绍《李鸿章传》整本书阅读活动的实施过程及成果，让学生回顾自己阅读整本书的历程并看到自己的读书成果。

（二）参观展厅，传主印象

李鸿章作为具有世界影响力的人物，其人生的重要阶段都有着许多重要的事迹。假如要你为李鸿章设计一个纪念馆，你想怎么设计？课前，同学们依据梁启超《李鸿章传》的目录为《李鸿章纪念馆》布置了八个主题展厅，再现传主事迹和形象，每个展厅均有一位解说员。如表 21 所示。

（1）馆长介绍《李鸿章纪念馆》情况。

（2）内部展厅参观。

表 21 《李鸿章纪念馆》主题展厅

展厅目录	解说员
位置印象·时代的巨子	
未达印象·乱世唤英雄	
兵家印象·一飞冲霄汉	
洋务印象·洋务兴邦国	
甲午印象·东亚逢对手	
外交印象·东方俾斯麦	
投闲印象·闲来自有忙	
末路印象·沧桑垂暮年	

设计意图：通过主题展厅这一活动形式，依据书本目录内容设计展厅，借助为纪念馆展厅写解说词的方式，让学生学习搜集传主资料，分类、归纳，去粗取精，去伪存真，学习文章截取人物某段历史来表现其人格及品行的写法。筛选出能反映人物身份、个性色彩、思想特征、顺应时代要求的典型事迹材料，了解传主李鸿章，对李鸿章有一个整体印象。

（三）读书沙龙，评价传主

“印象·李鸿章”读书沙龙

（1）读书沙龙讨论话题一：作者梁启超之“印象·李鸿章”。

（2）读书沙龙讨论话题二：读者之“印象·李鸿章”。

设计意图：通过整本书的“悦”读，借助梁启超对李鸿章的评价，让学生认识到公正公平地评价人物。借助思维导图和关键词，让学生发表自己独特见解，阐述自己对传主的评价。在讨论交流后，让同学们对传主有一个全面的了解。

（四）传记启示，拓展延伸

《清史稿》（赵尔巽）

《李鸿章传》（罗伯特·道格拉斯）

《苏东坡传》（林语堂）

《名人传》（罗曼·罗兰）

《梁启超传》（解玺璋）

设计意图：通过《李鸿章传》的整本书阅读，让学生掌握传记类文本阅读方法，养成良好的阅读习惯，带动其他传记类文本的阅读。

高中语文整本书阅读策略选择

——以梁启超《李鸿章传》为例

广州市第十六中学　刘　虹　张　迎

摘要：阅读不只是方法和技能，也包括阅读理解能力，还包括我们怎么运用阅读，如何用阅读参与读者阅读活动，如何运用信息，如何体验阅读乐趣。传统基于课文分析讲解式的教学，尤其是那种单篇琐碎地分析式阅读，它只是教给学生基本的阅读理解能力与方法，要想全面提高阅读素养，还需要通过更广泛的阅读，更大量的阅读，更丰富的活动来实现。要让学生多读书，通过读书来拓展他们的语言生活，让他们的语言生活变得丰富多样，从而提升语文素养，引发更广阔的语文生活。如何选择阅读策略来帮助学生完成阅读活动至关重要。在《李鸿章传》的整本书阅读过程中，通过跨界阅读、融入（再现还原）、内容重构、联结、对照阅读和变式阅读等阅读策略的选择，促进学生思维的提升，引发学生展现自己的素养，在亲历中发现，在活动中提升学生素养。

关键词：高中语文；整本书阅读；阅读策略；《李鸿章传》

读书是丰富一个人精神世界的重要渠道。课程标准上说阅读是运用语言文字获取信息、认识世界、发展思维、获得审美体验的重要途径。每次修订的课程标准大多都有提及整本书阅读。整本书的阅读对提高这种语文素养有重要作用。整本书阅读突破了单篇阅读、碎片化阅读的局限，带给学生整体性的思考与体验。整本书阅读的意义与价值有目共睹。每一本书都是一个独特的生命，阅读内容丰富多样，对学生阅读能力有一定的要求，如何引导学生通过作品展开自己的思考，如何根据学生特点，运用什么样的阅读策略及如何运用阅读策略来完成阅读学习活动则非常重要。而如何突破传统、单一的阅读策略而走向多样的阅读策略选择，值得我们去思考。在梁启超先生的《李鸿章传》整本书的阅读学习中，我们就采取了多种多样的学习策略。本文试以梁启超先生的《李鸿章传》整本书学习任务群活动为例，对高中语文整本书阅读策略选择进行探析。

一、跨界阅读

跨界阅读指阅读整本书过程中，学生突破学科边界、突破纸质媒介进行的综合阅读。这也是互联网+背景下的阅读教育新形式。李鸿章是历史上最有争议的人物，根据学习任务群中“以手写心话传主——写写读者心目中的李鸿章”及“回顾原著品传主——读者之‘印象·李鸿章’”，要求学生观看视频资料：《还原一个真实的李鸿章》（共6集，每集23分钟），《走向共和》（共59集），以及网上查阅资料，通过收集、整理、研究与课题相关的文献，意在通过对文献的查阅、鉴别、整理、分析，从而找出研究的问题，以此来调动学生的阅读兴趣，提高阅读学习的参与性和主动性，调试学生的阅读心理。整合传统学习方式的优势和网络化学习的特点，将线上与线下学习相结合。促进资源的有效运用，锻炼学生自主、合作与探究的能力。学生在跨界阅读的过程中，体会不同的艺术形式在表现评价传主形象方面的特点，从而立体化地品评传主，加深对原著的理解，有助于客观地、深入地、立体地、多角度地评价分析传主。

二、融入

融入是指运用多种策略让学生穿越时空，身临其境，进入文本的具体场景中，品读人物的内心世界。例如，根据学习任务“我为传主写书信”，要求同学们再认真阅读梁启超所写的《李鸿章传》后，穿越历史，再现还原，以“与______书”为题写封信，假如你是李鸿章或者你是曾国藩，你可以以李鸿章的身份给曾国藩写一封感谢信，感谢其在学问修养，作战方略等方面对自己的知遇之恩；你可以以李鸿章的身份给曾国藩写一封自荐信表达自己想兼济天下，施展才华抱负的愿望，你可以以曾国藩的身份为李鸿章向朝廷写一封推荐信，向清廷推荐这位青年才俊。或者以曾国藩的身份给李鸿章写一封贺信，祝贺他在军事上、外交上取得的成绩等。还有“我为传主写专访”假设自己是一名记者，写一篇李鸿章访问记或李鸿章专访，投稿给当时的《上海晚报》以及“穿越时空评传主——我为传主写悼祭文”等，这种书信体、人物专访、悼祭文的写作，仿佛在与原著中的人物对话，使学生在阅读时，调动自己的感官，在头脑中形成画面，帮助学生进入情境，思考、玩味，加深对文本的理解。运用融入策略阅读与生活时代相隔较远的人物传记，设计对接生活的场景，可以让学生在真实的情境中品读作品，引领学生更好地融入传主人生，理解传主。学习活动设计与情境创设源于学生的真实语言生活，这样使学习过程不仅是对知识的加工和认知，而且能让学生产生情感的共鸣，在真实的情境中进行阅读学习。

三、内容重构

内容重构是指阅读主体基于进一步的研究目的，提取相关信息，按照新的形式重新组合并呈现的阅读策略。例如，根据学习任务“我为传主写悼祭文”，要求学生阅读第十一章——李鸿章之末路及全文后穿越历史，再现还原，光绪二十七年，享年七十八岁的李鸿章瞑焉长逝。如果你是李鸿章的亲人、朋友、幕僚、同朝臣子、慈禧、光绪皇帝、俾斯麦、华尔、伊藤博文等与李鸿章有过交往人中的一位，请你根据所选定的人物身份为李鸿章写一篇悼祭文。需要对传主一生的事迹加以整合重构，写作挽联、悼祭文。又如“我为传主写小传”学习任务，此设计可以“倒逼”学生去熟悉文本，了解“兵家之李鸿章、洋务时代之李鸿章、中日战争时代之李鸿章、外交家之李鸿章、投闲时代之李鸿章、末路之李鸿章”等传主人生历程中的重点信息，每一个章节用思维导图的形式展示传主的人生事迹，同学们可以选择传主李鸿章人生的某一阶段或某一方面有代表性或突出特点的地方写作，可以以人物关系为线索；可以以身份变化为线索；可以以事件为线索；可以以时间为线索。选择适合自己写作的体例，整合传主人生重要事迹，完成内容重构，进行再创作，这样，学生能够对传主产生更深入的思考，做出更深入的分析评价。形成对传主李鸿章较为完整的理解。

四、联结

阅读整本书，可以使用联结策略，在“文本内”“跨文本”“联结生活体验”三个层次的联结阅读中获得真切深刻的阅读感受。与生命发生共鸣的阅读，才是好的阅读。阅读需能够结合每个人的生命体验与个人物质。在整本书的阅读过程中联结的内容主要有相关作品与个人生活体验，首先，运用“文本内联结”，发现多个章节共同指向梁启超对李鸿章的“吾敬李鸿章之才，吾惜李鸿章之识，吾悲李鸿章之遇”评价；其次，运用“跨文本联结”，与罗伯特·道格拉斯的《李鸿章传》，雷禄庆的《李鸿章新传》共读，可以看到不同的作家对传主人生某一重要阶段的不同思考；再次，运用“文本和个人生活体验联结”，根据学习任务“我为李鸿章写悼祭文”，学生全程参与烈士、亲朋、邻居的悼念会活动，或者在清明、逝者纪念日等时间参加悼念活动。唤醒学生人生感悟，让学生牵动自己的生命体验，涵泳其中，融入作品情境，为进一步了解和研究写作李鸿章悼祭文作准备。请学生把视野转向现实世界，体味真实的悼祭活动，阅读与外部世界联结起来。同时，读者也能结合自己的社会经验、阅读体验对所读文本有自己的思考与领悟。

五、对照阅读

阅读梁启超的《李鸿章传》时，要求学生使用对照阅读策略，与顾廷龙、戴逸主编的《李鸿章全集》、赵尔巽的《清史稿》、蔡冠洛的《清代七百名人传》、梁思光的《李鸿章卖国史》、章回的《李鸿章》、雷禄庆的《李鸿章新传》、苑书义的《李鸿章传》、雷颐的《李鸿章与晚清四十年》、蒋廷黻的《中国近代史》及陈危航的《买办军阀李鸿章的起家》《李鸿章的买办外交》、喜所的《李鸿章与洋务运动》、戚其章的《正确评价甲午战争中的李鸿章》对照阅读，将具有一定关联的事件和人物对比参照，在相似中区分其差别，发现其联系。读者对重要内容进行对照阅读，可以更好地判断作者写作的关键部分，进而理解、评价内容。运用对照阅读策略，学生可以在前后文之间建立联系，加深理解。从文本中为自己的观点寻找依据，进行综合判断，并将自己的观点清楚而有条理地表达出来。

六、变式阅读

变式阅读是指改变表述体裁、重组文章内容，改变学生角色的阅读方式。能够激发阅读积极性，挖掘思维潜力，丰富生命体验。例如，在“我为传主写专访”学习任务活动中，假设自己是一名记者，写一篇李鸿章访问记或李鸿章专访，投稿给当时的《上海晚报》，以“与______书”为题写封信的学习任务活动中，假如你是李鸿章或者你是曾国藩，你可以以李鸿章的身份给曾国藩写一封感谢信，感谢其在学问修养，作战方略等方面对自己的知遇之恩；你可以以李鸿章的身份给曾国藩写一封自荐信表达自己想兼济天下，施展才华抱负的愿望，你可以以曾国藩的身份为李鸿章向朝廷写一封推荐信，向清廷推荐这位青年才俊。或者以曾国藩的身份给李鸿章写一封贺信，祝贺他在军事上、外交上取得的成绩等。这种转化性写作，可以训练学生借助文本等其他资源，来表达自己的思想和观点的能力。变式阅读策略的使用，可以换个视角引领学生深入文本。通过这样的形式，读写结合，让学生在作品中找到“代入感”，重视任务与情境的创设，关联学生已有的语言经验，让其身临其境，技能融合，知识融合，素养融合，从而加深对传主人物形象的理解。

在阅读传记类名著过程中，有效地运用各种阅读策略，激发学生的阅读兴趣，创设一定的学习情境，明确学习任务，同时为学生的学习任务提供有效的支架。学生通过《李鸿章传》的阅读学习，进而带动其他传记类的作品的阅读。国际教育成就评价协会曾表示，阅读素养是读者出于社会或者个人需要，理解并运用书面语言，具体包括从各种形式的文本中构建文意、从阅读中学习、参与学校和生活中的读者群体活动，从中寻找乐趣，灵活运用各种阅读策略，以学生为中心，站在学生立场的实施阅读教学，让阅读成为学生的一种生活方式。

语文教学要引导学生多读书，拓展他们的语言生活——提升阅读素养。阅读素养是理解、运用、反思等积极参与阅读书面篇章，以增进知识、发展潜能、参与社会、实现个人目标。在整本书阅读的训练中，通过这些阅读策略的选择，建构学生阅读经验，让学生在自主言语实践活动中掌握方法，逐渐使学生成为语言感受力与运用能力强，视野开阔，阅读习惯良好，思维品质高，且具有一定审美与探究能力的阅读者。

参考文献

[1] 艾德勒，范多伦 . 如何阅读一本书 [M]. 郝明义，朱衣，译 . 北京：商务印书馆，2004.

高中整本书阅读教学策略初探❶

——以《苏东坡传》整本书阅读教学为例

广州市第十六中学　朱　琳

摘要：在新课标指导下，为培养学生的核心素养，进行整本书阅读教学，思考整本书阅读的意义；整本书阅读书目的选择；整本书阅读教学策略。

关键词：整本书阅读　整本书阅读书目　整本书阅读教学策略

一、整本书阅读的意义

培根说："读史使人明智，读诗使人灵秀，数学使人严密，物理学使人深刻，伦理学使人庄重，逻辑学、修辞学使人善辩；凡有学者，皆成性格。"可见凡阅读皆能成就人。

❶ 广州市教育科学规划2016年度课题《高中阶段学生经典阅读的序列化研究》（立项编号：1201544153）。

但仅仅是阅读课内的教材选文是远远不够的。正如民国时期的教育家夏丏尊先生说："今日选一篇冰心的小说，明日来一篇柳宗元所著的游记，再过一日又来一篇《史记》列传，教师走马观花式一般讲授，学生边打着呵欠边敷衍……"夏丏尊先生告诉青年学生"要以选文为主，多方学习……如学习《桃花源记》可以进一步去读《陶集》……"这些见解正好准确地表达了语文学习和阅读，应从课内阅读拓展到课外阅读，从教材选文扩大到整本书阅读。

所以，早在1941年，教育家叶圣陶先生在《论中学国文课程标准的修订》中就对"读整本的书"有明确的要求："把整本书作主体，把单篇短章作辅佐。"

1949年，《中学语文科课程标准》中，作了这样的表述：中学语文教材除单篇的文字外，兼采书本的一章一节，高中阶段兼采现代语的整本的书。可见叶老对高中阶段整本书阅读的重视，但这一思想在当时并没得到足够的重视，也没能在实际教学中得到实践与检验。

2001年7月出版的《语文课程标准（实验稿）》在教学建议部分，作了这样的表述："培养学生广泛的阅读兴趣，扩大阅读面，增加阅读量，提倡少做题，多读书，好读书，读好书，读整本的书。"可见，整本书阅读仍然是课程标准的要求，但这句话在现实教学实践中仍然没有获得足够的重视。

2003年《普通高中语文课程标准（实验）》其中提出："读好书，读整本书……课外自读文学名著（五部以上）及其他读物，总量不少于150万字。"这次课程标准对整本书阅读有了更详细量化的要求。

2017年的《普通高中语文课程标准》根据高中语文核心素养设计了15项学习任务群，其中学习任务群1就是"整本书阅读与研讨"，此任务群旨在"引导学生通过阅读整本书，拓展阅读视野，反思自己的阅读习惯，建构阅读整本书的经验，形成适合自己的读书方法，提升阅读鉴赏能力。养成良好的阅读习惯，促进学生对中华优秀传统文化、革命文化、社会主义先进文化的深入学习和思考，形成正确的世界观、人生观和价值观。”

经过几十年的推进，课程标准将“整本书阅读”的意义和作用作了更明确清晰的阐释。高中语文阅读教学首先应该以此课程标准为教学理论依据，其次应该切实有效地去实践“整本书阅读”的任务。

二、整本书阅读书目的选择注重联系性

当“整本书阅读”任务确定无疑需要在教学实践中去完成时，首要的问题就是选什么书来读。

叶圣陶先生在《论中学国文课程标准的修订》中提到：“把整本书作主体，把单篇短章作辅佐。”这就说明叶老认为整本书和教材中的“单篇短章”有着极高的联系性。在选择整本书时可以结合课标要求，结合高考考纲要求，结合高中学生所处的不同年级的教学进度和阅读要求，由此及彼的“联系”进行选择。以“单篇短章”为出发点，拓展开去进行整本书的阅读。例如，学习了教材选的《失街亭》这一“单篇”后，就让学生进行《三国演义》的整本原著的阅读，这是“从篇到整本”的阅读。研学了新闻单元的篇目后，推荐学生阅读美国新闻界教父级人物、21 次艾美奖得主迈克·华莱士的《光与热》，这是“从类到整本”的阅读。学习了某类精神追求，如自然环保生活的篇目后，引导学生阅读美国作家梭罗的《瓦尔登湖》，这是“从主旨到整本”的阅读。

以“联系性”作为选择整本书阅读的一个重要依据，我在高一上学期指导学生进行了林语堂的《苏东坡传》的整本书阅读。从小学到高一，同学们学习了苏轼的不少诗词文，对苏轼也有了基本的了解。如表22所示。

表22　苏轼名篇汇总

教材中的苏轼名篇		
年级	篇目	分类
高中必修2	《赤壁赋》	文
高中必修3	《念奴娇·赤壁怀古》	词
高中选修2	《水调歌头》(落日……)	
	《定风波》(莫听……)	词
九年级上	《浣溪沙》(山下……)	
	《江城子·密州出猎》	词
八年级下	《水调歌头》(明月几时有)	词
八年级上	《承天寺夜游》	词
三年级下	《惠崇〈春江晓景〉》	诗

进入高一学习，结合高中教学中传记单元的学习及传记阅读的要求，结合高考实用类文本阅读要求，也结合广州市教育研究院开列的高中生必读书目，展开林语堂《苏东坡传》的整本书阅读活动,让学生能更全面更系统地了解苏轼，评价苏轼，并形成自己的见解。

三、整本书阅读的教学策略

整本书阅读活动因为阅读时间长，阅读量大，如果没有阶段性目标和任务，学生就很容易“阅读疲劳”，有始无终半途而废，所以为了更好地推进“整本书阅读”活动，就需要有行之有效的整本书阅读教学策略。

基于与课内“单篇短章”的联系性而定下的整本书阅读书目，能让学生对整本书阅读有更多的期待，为了保持学生阅读的兴趣，并让学生坚持完成整本书阅读的任务，在整本书阅读的过程中需要设置一些具体的阶段性任务来指导推动学生进行整本书阅读。

（一）阅读指导注重激趣型阶段性任务

美国著名的教育家和心理学家布卢姆说：“学习的最大动力，是对学习材料的兴趣。”对于高中生来说学业重、课程多，让学生能把时间挤出来主动去进行整本书阅读，需要激趣型的阶段性任务来助推。

美国莫提默·J. 艾德勒、查尔斯·范多伦在《如何阅读一本书》中提出“主动的阅读……为获得资讯而读，以及为求得理解而读……”的观点，还提出阅读层次理论：基础阅读、检视阅读、分析阅读、主题阅读。通过这四个层次的阅读来“增进理解力”，阅读的这四个层次是渐进掌握的，上一层次包括下一层次阅读法。我们高中生的整本书阅读更接近“主题阅读”。

在整本书阅读过程中设置阶段性任务，有助于学生明确整本书阅读所要达成的数量目标和能力目标。

基于上述理论，我在指导学生进行林语堂的《苏东坡传》的整本书阅读时，专门安排了阅读指导课，讲整本书阅读的方法、整本书阅读的任务，这些任务的安排注重“激趣”与“阶段性”，以促进同学们能达到“主动阅读”，让同学们在阅读《苏东坡传》中学会传记阅读的方法，理清传主的人生经历，理解传主的精神品质，理解作者的感情倾向，形成自己思考与见解。林语堂的《苏东坡传》整本书阅读活动前后历时约 15 周。如表 23 所示。

表 23　林语堂《苏东坡传》整本书阅读任务单

阶段用时	内容能力	成果类型
读前激趣 用时 2 周	播《念奴娇 · 赤壁怀古》Flash 朗诵 王菲《水调歌头 · 明月几时有》MV	欣赏视频
	诵读苏东坡的“诗词”	背诵 3 首
	鉴赏苏东坡的“词”（100 字左右）	鉴赏文章
主题阅读 用时 13 周	1. 阅读《东坡突围》（余秋雨） 2. 阅读《苏东坡传》（林语堂） 在阅读时做勾画圈点批注等笔记 旨在养成良好的阅读习惯 3. 画苏东坡的“人生轨迹”图 旨在理清传主经历，理解传主的品质 4. 写小论文“我眼中的苏东坡”，不少于 1000 字 旨在形成自己的见解	1. 阅读批注 2. 列表或图 3. 小论文

（二）效果评价重视语文能力的培养

“整本书阅读”的各阶段，设置了各项任务，其目的是：学生通过表达与交流、梳理与探究等语文学习活动，在语言建构与运用、思维发展与提升、审美鉴赏与创造、文化传承与理解几个方面都获得进一步的发展。

所以，整本书阅读相当于一个载体，通过这个阅读活动，让学生在语文核心素养方面得到进一步发展。在整本书阅读的过程中学生除了自主阅读、批注圈点、鉴赏诗词和探究思考写小论文外，还需要表达与交流，让阅读成果得以展示。

在效果评价阶段，我重视开展活动课，以此让同学们通过多种方式来表达与交流，让语文能力能得培养。

（1）诵读。

在“读前激趣”的阶段，我设定了诵读苏东坡的“诗词”活动课，来展示阶段性成果：背诵3首苏东坡的诗词。为了使展示效果更好，同学们可以配乐舞，可以独诵表演，可以小组展示等。这个活动展示过程中，学生需要去了解苏东坡写作背景，要揣摩苏东坡在诗词中的情感，要思考诵读表现形式等，这些都培养了学生语文素养，阅读、鉴赏、语言表达、表演效果等能力。

（2）演讲。

在“主题阅读”阶段，学生需要写一篇小论文，为了让大家分享同学们思考探究的成果，相互学习与借鉴，我设定了演讲活动课。同学们在演讲自己的小论文时，可以借助PPT、可以录成演讲视频播放。这个过程，同学们运用了各种媒体来使演讲生动、形象、直观，培养同学们的多种能力，如多媒体的运用能力、口头表达能力、逻辑思维能力、增强自信心等。

（3）板报。

在“主题阅读”阶段，学生需要画苏东坡的“人生轨迹”图，可以用列表形式，也可以用图的形式，此项活动既达到了理清传主人生经历的目的，还达到了锻炼同学们将文字转化为图表的“图文转换”能力。为了提高同学们活动的积极性，也为了互相学习，于是安排了板报展示活动。每位同学将自己的图或表用A4纸做好后，张贴在班级黑板报上，宣传委员统一安排好版面后，同学们开始自行张贴，以供交流学习。这培养了同学们梳理文章脉络的能力，也让同学们展示自己图文转换的创造能力。

总之，成果展示与评价采用活动课形式，使评价从功利的分数转变为灵活的活动，使评价形式多样，既丰富了同学们的学习生活，又培养了学生的综合能力，有利于语文核心素养的提升。

普通高中语文课程标准中要求对“文化传承与理解”，而“整本书阅读”活动正是通过阅读达到对文化的学习、理解、思考和传承，还通过阅读拓展了视野，建构阅读整本书的经验，逐渐形成适合自己的读书方法，提升阅读鉴赏能力，并有助学生形成正确的世界观、人生观和价值观。

参考文献

[1] 胡元华，何捷 .“整本书阅读”课程建构的设想 [J]. 阅读，2016（87）.

[2] 郭静 . 高中语文整本书阅读教学的尝试与探索——以《论语》阅读为例 [C]. 2016 年国家教师科研专项基金科研成果，2016.

[3] 蒋文华 . 整本书阅读教学策略探究 [J]. 教学月刊 · 中学版，2017.

[4] 吴欣歆 . 语文课程视野下的整本书阅读 [J]. 课程 . 教材 . 教法，2017（5）.

[5] 莫提默 · J. 艾德勒，查尔斯 · 范多伦 . 如何阅读一本书 [M]. 北京：商务印书馆，2004.

[6] 陈烜祥 . 中小学语文“整本书”阅读教学研究 [J]. 扬州大学，2016.

3. 科普类
（建议高二年级使用）

旷野中的一声呐喊[1]

——《寂静的春天》阅读活动方案设计

广州市第十六中学　梁秋燕

摘要：科普类文本的阅读教学往往会成为我们语文阅读教学的一大“软肋”，本文希望通过开展语文综合性实践学习活动任务群，让学生学会阅读《寂静的春天》这一类科普作品的方法，掌握这种文学与科学相结合的写作方法，并能进一步地帮助学生挖掘主题。

关键词：寂静的春天，阅读，活动

一、活动背景

随着科技时代的到来，新课程改革越来越鼓励跨学科的统整，不固守学科

[1] 本文为广州市教育科学规划 2016 年度课题“高中阶段学生经典阅读的序列化研究”（立项编号：1201544153）。

的壁垒，而是要打开学科的边界，走向学科的综合，让学生在综合地带、边缘地带进行知识探险。在阅读方面，倡导学生广泛阅读各种文体，如除文学类文本以外的实用类文本、社科类文本、哲学类文本等。

但是，在现实教学中，科普类文本的阅读教学往往会成为我们语文教学的一大“软肋”，或者是因为教师本身偏文科的学科背景，对此类作品不感兴趣；又或者是学生长期接受的都是文学类作品的阅读教育，对于此类作品的阅读方法并不熟悉。

《寂静的春天》是美国女作家雷切尔·卡逊的代表作，也是50年以来全球最具影响的科普著作之一。今天从生态审美的角度再次去解读这部美国20世纪的科普经典，进一步发掘它内在的文学价值，在生态环境不断恶化的情况下，有着重大的现实意义！

二、活动设想

我希望通过开展语文综合性实践学习活动，让学生学会阅读《寂静的春天》这一类科普作品的方法，掌握这种文学与科学相结合的写作方法，并能进一步地帮助学生挖掘主题。在完成这一系列任务群时，需要调动学生的口头与书写的表达能力、收集整理信息的能力、文学鉴赏能力等，使学生对知识的认识达到整体化，使认知对情感的影响直接化，促使学生在知识、能力、态度、价值观等方面协调发展。

三、活动实践

（一）导读

学生分任务进行资料搜索导读：

（1）部分同学负责作者介绍。

（2）部分同学负责作品介绍。

（3）部分同学负责作品背景介绍。

（二）内容梳理

（1）重点介绍作批注法进行阅读（具体见附录 1），全书不得少于 100 处批注。

（2）完成读书报告一份。

内容包括作者观点的摘抄、文学类精彩描写的摘抄、科学知识的摘抄和不少于 500 字的感想，最后装订成册。

（三）主题探讨

（1）在班内举行辩论会，辩题：是否要禁止农药的使用。

请为此列出你的观点和搜集好你的理由，写好你的辩论稿。

教师选出优秀的辩论稿并组好队伍，学生分立场进行辩论。

（2）模拟联合国开展 2016 年全世界人类环保大会，大会探讨的主题是：发展科技与对待自然。

学生自己分角色（科学家、经济学家、总统、人民、环保志愿者）进行无主持圆桌会议，发表自己观点的阐释。

可提供会议召开的背景。

1986 年 4 月切尔诺贝利核事故：

一件发生在苏联统治下乌克兰境内切尔诺贝利核电站的核子反应堆事故。该事故被认为是历史上最严重的核电事故，也是首例被国际核事件分级表评为第七级事件的特大事故。

2011 年 3 月日本福岛核泄漏事故：

2011 年日本福岛核电站泄漏的放射性物质已经波及北美洲海岸，在此前确定地点造成的污染正在增加，美国最大的独立海洋学研究所伍兹霍尔海洋研究所的海洋放射化学家布厄斯烈尔称，对采集的太平洋海水样本的测试证明，日本福岛核电站事故发生四年后，仍有放射性物质泄漏。

（四）同类主题阅读资源的推荐

按学号同学一一推荐同类主题的阅读资源，可以是文章、报纸评论、电影、音乐、著作等，以扩大同学们的阅读面。

补充资料：同一时期涌现出一大批杰出的生态作家和生态文学作品，生态文学即那些关注自然，具有生态意识的文学作品。除了美国作家作品，还有法国作家勒·克莱齐奥的《诉讼笔录》和《沙漠》，加拿大作家玛格丽特·阿特伍德的《"羚羊"与"秧鸡"》，俄罗斯作家艾特玛托夫的《白轮船》《断头台》、维·彼·阿斯塔菲耶夫的《鱼王》以及拉斯普京的《告别马焦拉》，英国作家多丽丝·莱辛的《玛拉和丹恩历险记》等。

（五）学术论文初写作

（1）布置写作任务：20 世纪 60 年代以前，环境保护并不是一个存在于社会意识和科学讨论中的概念，因此《寂静的春天》出版后，作为一个学者与作家，卡逊所遭受的诋毁和攻击是空前的。如今又将过去了 60 年，你觉得我们还需要阅读这本《寂静的春天》吗？今天的我们做得又如何呢？

请你带着对以上问题的思考，完成主题写作：60 年后重读《寂静的春天》的意义，题目自拟。

（2）老师进行整理汇编，评选出优秀作品并发布到微信公众平台。

（六）我来创作（二选一）

（1）请根据蕾切尔·卡逊《寂静的春天》的主题，写一篇科幻小小说，字数大概 1000 字左右。

（2）根据主题，拍一部微视频，1 分钟左右即可，呼吁大家关注环保。

（七）活动评价

（1）评价读书报告完成情况及质量。占总评成绩40%。

（2）在阅读活动中，对学生的演示进行过程性评价，占总评成绩40%。

（3）学术论文写作成绩占20%。

大数据先锋　新时代巨轮

——大数据变革先锋排行榜榜单发布会
《大数据时代》整本书阅读中期汇报课

广州市第十六中学　张迎嘉

一、活动目标

（1）通过以《大数据时代》第 1 章、第 2 章、第 4 章为背景的“大数据变革”主题演讲，为学生创设共同阅读的情境和氛围，引导学生加深对书中大数据理论以及现实中大数据应用的了解，进一步体会大数据带来的新变革，关注社会的新发展。

（2）通过学生的演讲或发言，引导学生分享和交流阅读感受及阅读成果，在成果展示中提高学生的表达能力和阅读成就感，进一步培养学生对阅读《大数据时代》和同类话题、同类文体的书籍的兴趣。

（3）师生共同回顾精读对应章节的过程，提炼阅读篇幅较长的论述类文本的方法，提高学生自主阅读同类文本的能力，增强学生阅读篇幅长、专业性强的文本的信心。

二、学情分析

学生对于“大数据”的话题比较陌生，而且对于篇幅长的论述类文本也较难保持阅读的耐心。寒假期间，学生们在进行初步阅读后对这本书的反馈情况不一，有同学表示太专业了、读不下去……因此我设置了阅读情境和任务作为整本书深入阅读的抓手。

三、活动方式

演讲、多媒体展示、问答。

四、活动过程

（一）情境准备与任务设置

（1）分组：学生分为 11 组，1 组为《时代周刊》杂志社主创，其余 10 组为 10 家企业的公共关系部代表。（具体分组见下表）

（2）杂志社任务：组织“大数据变革先锋排行榜”的评选；举行榜单发布会；编辑和出版杂志。

（3）企业任务：以对应章节作为大数据运用的理论背景，撰写投稿文章，参加“大数据变革先锋排行榜”的评选；进行以自身企业为例的大数据变革主题演讲。文章和演讲的内容需要探究一下 4 个问题：

① 本企业（和本行业）在运用大数据之前的情况如何？本企运用大数据的理论依据？（从对应章节找）

② 本企业是如何运用大数据的？

③ 本企业（和本行业）在运用了大数据之后有何变化？

④ 面对大数据时代的风险，本企业会如何进行风险管控？

（4）榜单发布会前学生已经完成的活动任务群包括：① 梳理出单元的框架，整理出文章的观点和对应的例证，画出对应单元的思维导图；② 找出难以理解的词句，通过讨论和检索解决问题；③ 企业根据书本的观点和理论，结合检索到的资料，写出投稿文章并完成修改；④ 杂志社评选出最能体现大数据给该企业（和行业）带来变革的企业，根据票数公布榜单排名。

阅读活动分组情况见表 24。

表 24　阅读活动分组

企业或机构代表	对应单元	企业或机构代表	对应单元
《时代周刊》杂志社（《时代周刊》中文版）	U7 U8	苹果健康（手机 app）	U4
		推特（社交平台）	U4
（美）基础医学公司（医疗）	U1	谷歌街景（地图应用）	U5
谷歌翻译（翻译应用）	U2	谷歌拼写（拼写建议服务）	U5
沃尔玛（零售业）	U3	万事达卡（信用卡、金融）	U6
亚马逊（零售业）	U3	Inrix（交通信息服务）	U6

设计意图：通过情境设置和活动任务群让学生对指定章节进行检视阅读、分析阅读和主题阅读。学生通过深入阅读其中一个章节，初步掌握阅读方法，增强学生阅读《大数据时代》的信心。

（二）榜单发布会流程

1. 导入：杂志社开场致辞

（1）副总编（主持）——欢迎辞。

（2）总编致辞——简单介绍杂志社；介绍此期杂志的榜单评选活动。

2. 颁奖环节

（1）第一名颁奖。

谷歌翻译：接受混杂数据的公司——第二章：不是精确性而是混杂性。

（2）第二名颁奖。

基础医学公司：使用全样本数据的公司——第一章：不是随机样本，而是全体数据。

（3）第三名颁奖。

推特：把沟通变成数据的公司——第四章：一切皆可“量化”。

（4）其他名次颁奖和发言。

其他组在聆听演讲时需要将公关部简报（即演讲的梗概）补充完整。

3. 小结和作业布置——杂志社顾问（教师）发言

感谢——小结——活动预告。

设计意图：通过榜单前三名的公司的演讲（三个大数据运用的实例），帮助全班同学理解第一、二、四单元中作者的观点，体会大数据给思维和商业带来的变革。其他组填充演讲梗概能让学生在聆听演讲时变被动注意为主动注意。

五、板书设计

《大数据时代》课堂板书设计如图 15 所示。

论述类

梳理——理解——主题探究

观点

↓↑

举例论证

图 15 《大数据时代》课堂板书设计

补充：《大数据时代》阅读教材分析

《大数据时代》是国外大数据研究的先河之作，作者维克托·迈尔·舍恩伯格被誉为“大数据商业应用第一人”，他在书中前瞻性地指出，大数据带来的信息风暴正在变革我们的生活、工作和思维。大数据开启了一次重大的时代转型，作者分三个部分讲述了大数据时代的思维变革、商业变革和管理变革，讲述大数据带来的变革正是全书的重点。

此书认为大数据的核心就是预测。大数据将为人类的生活创造前所未有的可量化的维度。大数据已经成为新发明和新服务的源泉，而更多的改变正蓄势待发。书中展示了谷歌、微软、亚马逊、IBM、苹果、facebook、twitter、VISA等大数据先锋们最具价值的应用案例。

从文体来看,可以把此书当做是论述类文本来阅读,本书有一定的理论深度,作者在阐述观点时也配以具体、生动的例子来论述大数据带来的变革。

4. 古诗类

（建议高二或高三年级使用）

熟读唐诗三百首　传颂中华儿女情

粤教版必修三　诗海拾珠
《唐诗三百首》
整本书阅读展示课暨中华唐诗大会教学设计

广州市第十六中学　张迎嘉

一、教材分析

《唐诗三百首》是粤教版必修三第四单元的推荐阅读著作，该单元的目标是反复吟诵诗词、熟读背诵，能展开联想与想象，探究诗歌的意境，初步了解古典诗歌格律常识，欣赏诗词曲的语言美、音韵美，以提升自己的艺术品位。该单元的“点击链接”部分向学生介绍了中国古典诗歌的发展历程、突出特征和基本格律知识。其后的“推荐阅读”部分则对《唐诗三百首》的体例、地位、作品主题、入选作者及其风格、推荐版本进行了简要介绍。

《唐诗三百首》是200多年来最流行且家喻户晓的唐诗选本，其选诗范围相当广泛，收录了77家诗，共310首，几乎涵盖了各类作家、体裁、题材、风格的优秀作品，它是了解唐诗和唐朝社会风貌绝佳途径，还被称为“中小学生接触中国古典诗歌最好的入门书籍”。

二、学情分析

学生经过之前阶段的学习和高中必修一的古典诗歌单元的学习，已经基本了解了诗歌的基本常识。又经过必修三古典诗歌单元的学习，学生已经对王维、李白、杜甫、白居易、李商隐、刘禹锡和王昌龄等名家的经历及其诗作风格有更细致的探究，对山水田园诗、边塞诗、登临诗、咏史诗、古乐府、新乐府等不同体裁和题材的诗歌有了更系统的认识，对诗歌语言和格律有了更深入的体会。在此过程中学生也逐渐掌握了诗歌鉴赏的基本方法，对唐诗的体悟能力渐有提高，对唐朝政治经济文化背景已有了更多的了解。

但课本上能呈现的唐诗的数量十分有限，当时唐诗数量达五万余首，课本上的唐诗只是精读的选文，如想更加深入或更加广泛地了解唐诗和唐朝风貌，则需要大量地阅读其他唐诗作品，或精读以求深刻领悟或泛读以求全面领略。多读唐诗不仅能让学生增加诗歌阅读的积累，还能提高学生自主阅读、鉴赏古典诗歌的能力，也可以让学生依照自己的兴趣自主阅读和探究，以此培养学生读唐诗的热爱、提升他们的艺术品位。

前期的《中国诗词大会》掀起了一股诗词热，学生在观看了节目之后参与诗词竞赛的热情较高，借鉴《中国诗词大会》的比赛形式举办唐诗大会能调动起学生读唐诗的积极性。在唐诗大会之前，学生需进行五轮的分组阅读，每轮阅读有不同的探究主题，探究任务如下。

（1）分时代读（初唐、盛唐、中唐、晚唐）；

（2）分作者读（李白、杜甫、白居易、王维、孟浩然、刘禹锡、李商隐、杜牧等）；

（3）分题材读（山水田园诗、边塞诗、咏物诗、咏史诗、爱国诗、登临诗、爱情诗、送别诗等）；

（4）分意象读（山、水、风、雨、云、月、花、酒等）；

（5）分手法读（情景交融、对比、衬托、比喻、拟人、白描、动静结合、虚实结合等）。

三、教学目标

（1）师生有感情地吟诵，引导学生体会唐诗的音韵美和语言美，提高对古诗文语言的感受力，提升学生的古代汉语语感。

（2）通过识别诗句和填写对句检测学生对名句的识记，通过图画和文字线索培养学生联想和想象的能力，通过收集相同意象的诗句品味诗词意象的传统意蕴，丰富学生传统文化底蕴。

（3）通过竞赛的形式，激发学生读唐诗的兴趣和热爱，主动体会其中蕴含的中华民族精神，加深古诗文的积累，检测整本书阅读的成果；通过学生的点评，引导学生理解古代文学的内容价值，从中汲取民族智慧，用现代观念审视、评价作品。

四、教学重难点

（1）教学重点：通过识别诗句和填写对句检测学生对名句的识记，通过图画和文字线索培养学生联想和想象的能力，通过收集相同意象的诗句品味诗词意象的传统意蕴，丰富学生传统文化底蕴。

（2）教学难点：激发学生读唐诗的兴趣和热爱，主动体会其中蕴含的中华民族精神；引导学生理解古代文学的内容价值，从中汲取民族智慧，用现代观念审视、评价作品。

五、教学方法

诵读法、分组竞赛、多媒体教学法。

六、教学准备

（1）邀请2~4名学生与教师一起准备朗诵脚本、配乐并排演；

（2）邀请2名学生与教师一起准备题目及点评；

（3）制作竞赛所用多媒体课件、准备配音等；

（4）主持人选拔、赛制准备、开展体验赛熟悉赛制（赛制后附）。

七、教学环节（1课时）

《唐诗三百首》的教学环节设计如表 25 所示。

表 25 《唐诗三百首》的教学环节设计

教学环节	学生活动	设计意图
声声韵韵皆动情（导入）	师生配乐朗诵名篇集句，为唐诗大会开场（个人诵、集体诵相结合）	有感情地吟诵，引导学生体会唐诗的音韵美和语言美，提高古诗文感受力和语感
字字句句总关情（基础题）	每组派代表答题，学生嘉宾穿插点评 识别一句七言唐诗，例如： 从下面十二个字中识别一句七言唐诗 相，雁，来，儿 归，相，似，见 不，曾，识，童 正确答案：儿童相见不相识 补缺字，例如： 纷纷暮雪下辕门，风（？）红旗冻不翻 正确答案：掣 补对句，例如： （？）。与君离别意，同是宦游人 正确答案：城阙辅三秦，风烟望五津	通过识别诗句和填写对句检测学生对名句的识记；通过学生的点评引导学生加深对诗句语言运用和情感的理解
名家百篇万代情（提高题）	每组代表答题（单选题、图片选择题和文字线索题），学生嘉宾穿插点评： 单选题，例如： “商女不知亡国恨，隔江犹唱后庭花”的“国”是哪个朝代？ A 商朝 B 陈朝 C 唐朝 正确答案：B	通过图画和文字线索培养学生联想和想象的能力，提高学生对诗歌形象、画面、手法、作者风格和主旨的体悟和鉴赏能力

续表

教学环节	学生活动	设计意图
名家百篇万代情（提高题）	图片线索题，例如： 根据以下图片回答对应的诗句 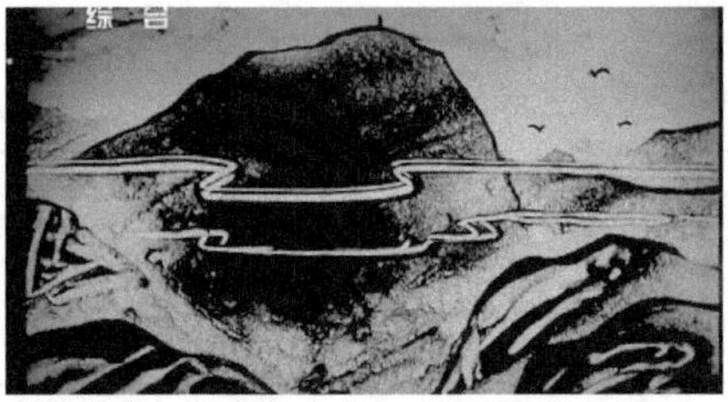 正确答案：只在此山中，云深不知处 文字线索题，例如： 根据以下线索说出一位诗人的名字 A 这是一位唐代诗人 B 他曾做过宰相 C《唐诗三百首》中第一首就是他的诗 D 他写过“海上生明月，天涯共此时” 正确答案：张九龄	通过图画和文字线索培养学生联想和想象的能力，提高学生对诗歌形象、画面、手法、作者风格和主旨的体悟和鉴赏能力
经典意象巧抒情（决赛）	最强的两组以飞花令的形式对决，例如： 依次说出含“酒”的唐诗 学生嘉宾点评	通过收集相同意象的诗句品味诗词意象的传统意蕴，加深学生古诗文积累，提高学生的联想联系能力
当代儿女传诗情（总结）	各组代表和教师发表感言，以诗寄语	发表对唐诗品读的体会，和他人分享独特的唐诗阅读体验

八、附：活动赛制

（1）全班分为4个大组，每个大组“自立门派”，各“门派”推荐2人任“掌门”，2位“掌门”代表本“门派”分别应战基础和提高题。

（2）“掌门”一回答基础题，限时内答对得20分，若未答对，同门派任一同学若补答正确得10分。

（3）“掌门”二回答提高题，余派所有同学同时答题。限时内若“掌门”二答对，则以答错的余派人数作为此题分数；若“掌门”二未答对则不得分。

（4）经过基础题和提高题的两轮比拼，分数最高的两个“门派”（若2、3名同分则加赛提高题）进行飞花令对决，“门派”中的任一名同学在本派答题时间内都可答题，限时内未回答或答错的“门派”获亚军，另一方则为冠军。

古韵流芳

——《唐宋词简释》整本书阅读教学方案

广州市第十六中学　梁秋燕　陈苑苑

一、活动设想

（1）对经典阅读的推广与实践，大力倡导中小学对经典阅读的重视，《唐宋词简释》是由当代词学泰斗唐圭璋先生编选简释，共精选唐宋词各种风格代表作品232首。初版30年以来，已成读词选本之经典。

（2）符合学生的学习与认知的发展，高二学生正在学习粤教版选修《唐诗宋词元散曲》，《唐宋词简释》可与之配合，成为拓展读本。该书不同于其他诗词解释的书长篇大论，而是言简意赅，文辞隽永，通俗易懂，深入浅出，每选一词，接以解说串讲、体会心得，即对词之起结、过片、层次、转折等组织结构条分缕析。

（3）阅读《唐宋词简释》是我校整本书序列化阅读在高二阶段的推进活动。

随着高中语文课标的修订，语文核心素养备受关注，而提高语文核心素养的有效途径就是“整本书阅读”。

二、活动目标

（1）提升学生文学鉴赏能力，要求研读经典的词，初步能自主读通读懂词的主旨手法风格等。

（2）培养学生的筛选、组合信息能力，培养学生的合作精神。学生分小组进行专题展示，充分调动学生学习词的积极性。

（3）培养学生的文学创作能力，让学生尝试进行词创作，以“写作促阅读”为主的策略进行整本书阅读，让学生将阅读的积累转变为写作的素材，又通过写作促进对词的阅读理解。

（4）提高诵读认识，通过朗诵自己的作品更加深对唐宋词的理解和内化。

三、活动设计

（1）教师根据“活动书目”的作品，设计活动教学方案，指导学生阅读整本的书。活动课时为 8~10 课时。

（2）学生根据“活动书目”作品，结合教师建议体会不同类型的阅读策略，构建整本书的阅读经验。

（3）根据“以写促读，读写并重”的原则，通过“阅读—写作—交流”的活动过程，促进高中生思维向深邃、向理性发展。

《唐宋词简释》活动设计如图 16 所示。

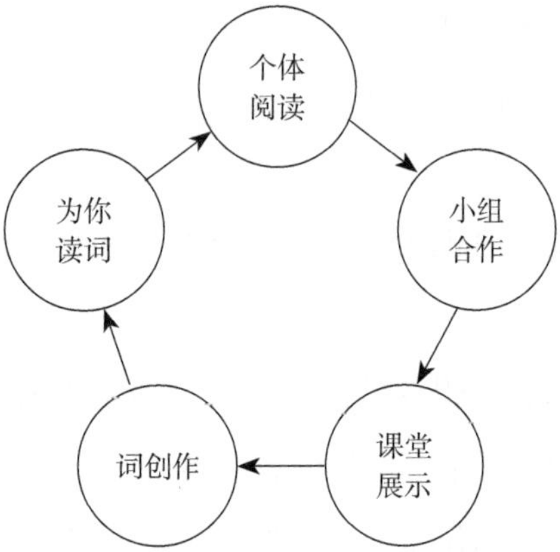

图 16 《唐宋词简释》活动设计

四、活动实施

第一部分：个体阅读

老师在寒假布置阅读任务：阅读《唐诗宋词元散曲》选修、《唐宋词简释》一书。

要求：每页需要作批注，寒假结束后收回。

第二部分：小组合作专题

（1）按小组抽签选定自己小组的人物专题。如图 17 所示。

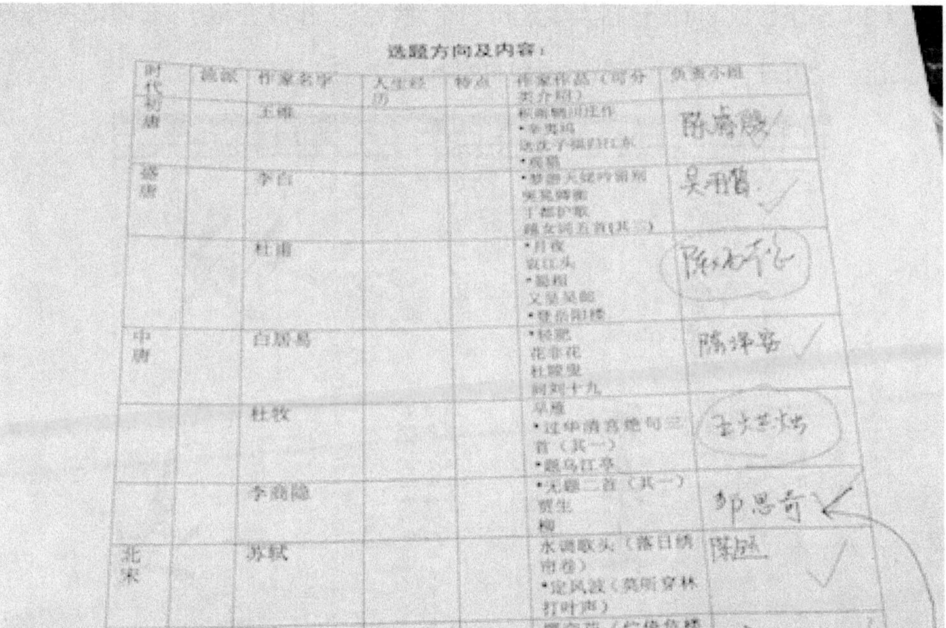

选题方向及内容：

时代	流派	作家名字	人生经历	特点	作家作品（可分类介绍）	负责小组
初唐		王维			积雨辋川庄作 •辛夷坞 送沈子福归江东 •观猎	[illegible]
盛唐		李白			•梦游天姥吟留别 哭晁卿衡 丁都护歌 越女词五首(其三)	[illegible]
		杜甫			•月夜 哀江头 •蜀相 又呈吴郎 •登岳阳楼	[illegible]
中唐		白居易			•轻肥 花非花 杜陵叟 问刘十九	[illegible]
		杜牧			早雁 •过华清宫绝句三首（其一） •题乌江亭	[illegible]
		李商隐			•无题二首（其一） 贾生 柳	[illegible]
北宋		苏轼			水调歌头（落日绣帘卷） •定风波（莫听穿林打叶声）	[illegible]
		柳永			蝶恋花（伫倚危楼风细细） •望海潮（东南形胜）	[illegible]
南宋		李清照			•鹧鸪天（暗淡轻黄体性柔） 永遇乐（落日熔金）	[illegible]
		辛弃疾			•青玉案（东风夜放花千树） 鹧鸪天（壮岁旌旗拥万夫） 菩萨蛮（郁孤台下清江水）	[illegible]
元代		关汉卿			[双调·沉醉东风] [南吕·一枝花]赠朱帘秀	[illegible]
		马致远			[双调·寿阳曲]山市晴岚 [双调·拨不断]	[illegible]

图 17　抽签选定小组的人物专题

（2）小组做成 ppt（包括人生经历、个性特点、作品介绍），要明确每个人的工作，全组打一个分，当做学习包材料的分数。如图 18 所示。

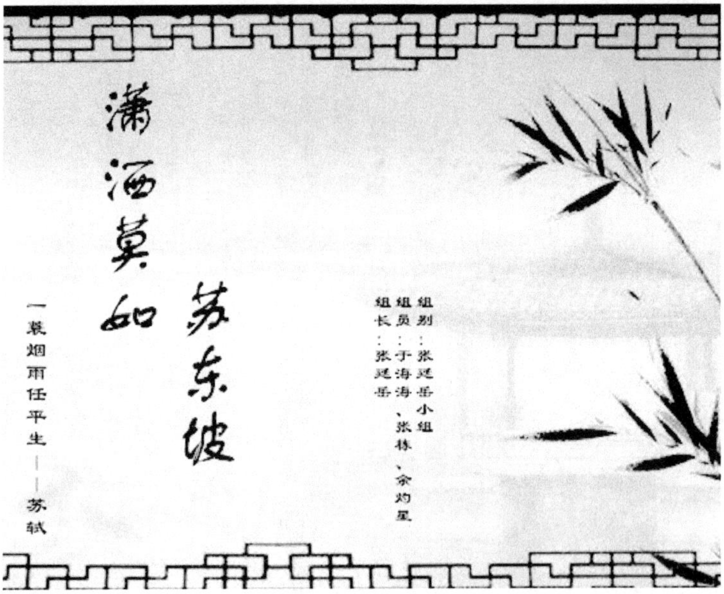

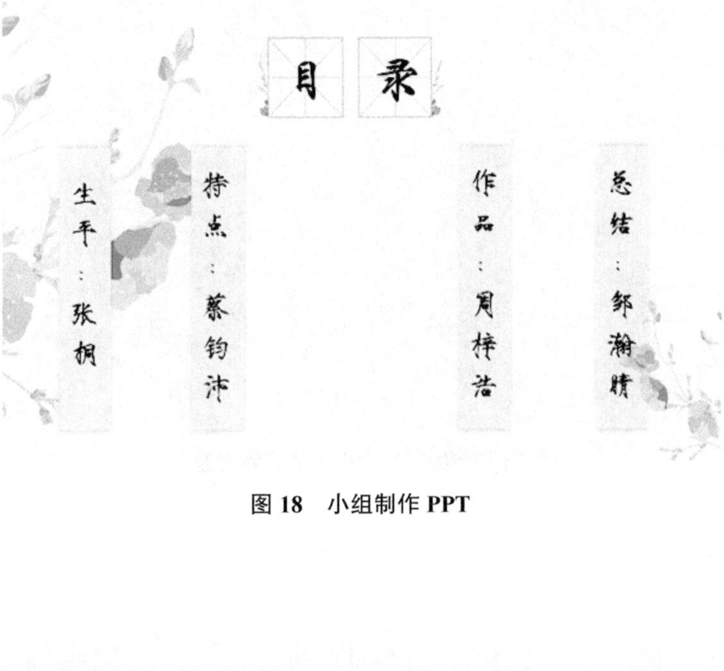

图 18　小组制作 PPT

（3）每个人交纸质文字材料（各自所负责部分的内容整理，标好名字，不少于 800 字），然后由小组长装订成册。如图 19 所示。

图 19　整理文字材料

第三部分：课堂展示

诗词展示评分标准如表 26 所示。

表 26　9 班诗词展示评分标准

评分组组长：		组员：				
人物	负责组	内容完整重点突出（5 分）	声音响亮仪态大方（2 分）	生动有趣有互动（2 分）	版面设计美观清晰（1 分）	总分
王维	陈睿殷					
李白	吴羽哲					
杜甫	陈炳懿					
白居易	陈泽安					
杜牧	王烘烛					
李商隐	张桐					
苏轼	陈钰					
柳永	李欣然					
李清照	邹思奇					
辛弃疾	陈厚铭					

9班诗词展示总分表：

人物	负责组	陈睿殷	吴羽哲	陈炳懿	陈泽安	王烘烛	张桐	陈钰	李欣然	邹思奇	陈厚铭	黄春桦	任思婷
王维	陈睿殷		85	89	85	90	83	78	80	93	80	85	90
李白	吴羽哲	92		89	93	90	87	86	85	88	90	90	89
杜甫	陈炳懿	90	86		88	90	83	82	90	85	80	95	85
白居易	陈泽安	78	70	89		80	78	72	70	70	80	69	70
杜牧	王烘烛	85	80	90	78		86	85	87	86	85	90	88
李商隐	张桐	88	85	95	84	90		90	80	95	95	99	95
苏轼	陈钰	90	92	94	85	85	89		90	85	90	90	90
柳永	李欣然	96	95	91	92	100	89	89		98	90	90	90
李清照	邹思奇	95	93	91	82	95	92	84	90		93	96	93
辛弃疾	陈厚铭	82	85	83	74	90	86	82	75	80		90	85
关汉卿	黄春桦	82	85	91	80	85	86	85	80	80	88		85
马致远	任思婷	87	80	86	75	87	83	83	80	80	80	80	

第四部分：活动写作——诗歌创作

（1）选出优秀的诗歌作品在微信公众号进行展示。

为你写诗（一）

2017-06-10　石榴2班

“为你写诗”活动中的优秀作品

之

原创诗词

东山脚下有感

早知当攀登，

且圆金榜梦。

今重返东山，

势必睥群峰。

——李佳泽

别（其二）

病卧冰榻犹未眠，窗外月影寒如雪。

遥想明日与君别，泣涕沾襟哀满心。

相隔南北难相见，岁月无情抹君形。

银丝挂发忆已灭，谁知此事为谁别。

——简俊任

穗城秋行

秋霜尽染红叶间，
燕雀不寻暖冬处。
最爱穗城秋行路，
美胜天宫繁华景。

——冯欣

诞日有感

阴雨绵绵不断绝，又是一年诞日时。
昔有八仙去祝寿，今有众友送祝福。
世间真情无数种，友情可贵不磨灭。
问君能有多感动，恰似昨夜一场梦。

——傅应龙

项羽

少有鸿鹄志，仰头视帝王。
欲学万人敌，神勇古无双。
巨鹿战成名，秦军闻声降。
苍天妒英才，身死在他乡。

——李文源

三月十一晨起观雨

夜寐未觉神已迷，忽惊方醒处蓬莱。
仰头望日云遮蔽，低首寻屐地已湿。
飞入花间悄润物，浮于枯木焕生机。
谁闻细雨无情物，雨过天晴后可知。

——吴泽彬

无题

北风吹雪拂君发，
君如暖雪白似纱。
不知恋文为谁做，
唏嘘犹忆粉雪时。

——吴学臻

听音乐会有感

丁酉年癸卯月丁酉日晚（本周六），应吾友之邀，吾听一钢琴音乐会于星海音乐厅，良有感触，遂作此诗。

天阴毛细雨，乐会正兴时。
翻指如蝶飞，琴声似水流。
只惜座下人，放肆不约束。
星烁时时见，小儿处处行。
鄙人虽年幼，礼节亦自知。
此处谢阅者，自省有或无。

——何昊华

过阿房宫

天下一统阿房出，隔离天日三百里。
楼阁遍地嬉笑声，妆成夙夜歌舞乐。
剽掠百姓不得已，唯爱奢淫纵私欲。
可怜磅礴阿房宫，楚人一炬化成土。

——黎国炜

悼淮阴侯

国士无双安天下，英才盖世败强敌。
胯下耻辱以德报，漂妇恩饭用金还。
背水一战实丈夫，假王归汉似妇人。
若存身背江河志，安得浮于洪吕中。

——黎雄宇

雨雾红棉

薄雾笼花城，细雨飘苍穹。
繁萼纷纷发，擎天串串红。

——邓汝彬

木棉

一树火红竞相放，落花铺地无踏处。
自将拾花忆昔年，原是应元思我情。

——李果

学习

斜风潇雨停，日出鸡声鸣。

及时应勉励，共往高处行。

——李福乾

竞峥嵘

隐见漫山黄花瘦，惊闻阵阵桂花香。

悄悄桃花待放时，春满人间竞峥嵘。

——邵韫琳

君于四季

早春花红君笑微，初夏天蓝君声脆。

深秋风凉君眸亮，暮冬雪冷君怀暖。

——丘惠丹

向前

十载光阴如虚度，一朝梦醒似云泥。

座座大山皆险峻，此时不攀何时攀。

前路迷茫不可知，不曾坠青云之志。

从头越过会有时，向前之心永不息。

——王葳

（2）将优秀作品集结成册子，留作纪念，如图 20 所示。

图 20　优秀作品集结成册

第五部分：为你读诗

“为你读诗”活动展示，如图 21 所示。

a

b

c

图 21 “为你读诗”活动展示

五、活动总结

（1）提升学生文化基础的素养；

（2）培养了学生自主发展的素养；

（3）提供学生社会参与的机会。

学生潘盈熹感言：

在当今时代节奏迅速，多种文化冲击下，都称国人诗性泯然矣，再也回归不了以前古人的读诗品词赏曲的风雅生活。其实不然，当你翻开一本唐诗宋词集，代代传承下来深刻在骨子里的诗词素养，会让你感受到似曾相识的亲切感。

我想，这个活动的初衷，是让我们在繁重的学业中，静下心来去结识一位诗人或词人，拜读作品，学其精髓，知其人生，而不是让他们仅仅作为一个我们只停留在听过的熟悉陌生人。

在这么多光风霁月的人物之中，总有一个温柔了时光，静静地拨动你的心弦，能让你心生欢喜：他们或者豪迈狂放，挽一把弓，西北射天狼；或者婉约多情，弹一首曲，远寄相思意；或低敛眼眸，下一盘棋，倾诉离愁绪；或春风得意，骑一匹马，看尽长安花。上下千年多少事，皆付历史长河中。何其有幸，与活在史书中的他们结缘，长风万里的相迎，一纸诗词一段年华。

何其欢喜，能和身边的同学各抒己见，一齐激扬文字；能在课堂短短的四十分钟里，沉醉诗词曲的世界中；能于嚣世聆听，回归古典，寻觅前人踪迹。

望一峦山峰，临一泊湖水，抚一张古琴，品一杯清茶。唐诗宋词元散曲不仅是从你的全世界路过，更多的是与你一起邂逅它的美，期许和你相守一份细水长流。

学生邹思奇感言：

曾几何时，诗歌便像是赋予今人与古人的一条缘分的河流，让彼此能在韵脚间相知，音调中相识。江山的更迭，朝代的喧腾与岑寂，都倚着诗歌传达至今，或是被编成城市上空雀跃的流行歌曲，或是化身为浅诉当今生活的现代古体诗流露笔尖。

如今的流行歌曲总是在不经意间泛起诗歌的陈调，“月落乌啼，总是千年的风霜”是穿梭在古今夹缝中的浅吟；“凤凰于飞，翙翙其羽，远去无痕迹”如雾里看花，似水中望月，捕捉到诗歌弥留至今的残影。而现代人的仿古体诗也为原本寻常的生活，添了几许柔情，几笔冷韵，吟“秋雨送旅人，一梦到兰州”于长亭短亭劳歌别故人，颂“历尽劫难英雄在，老兵相会更无前”感念老兵相见泪雨。

“今人不见古时月，今月曾经照古人”行走在盛世的你我，纵使连做一个唐宋元明的过客也不能，却能在古诗中邂逅这段缘分。本次“古韵流芳”活动，便为同学们牵起了这条缘分的红线。同学们才思泉涌，或是抽丝剥茧出古体诗中与自己共鸣的片段词句，拼凑出属于自己的青春旋律，歌唱着曾经埋藏在心底的百转千回。或是活用出古体诗流传至今的平仄韵脚，将春风秋月的诗情、渔樵冷暖的故事，掺和着古韵，流露在笔尖。用一首诗，一句词，诠释着蜿蜒时光中属于自己的人生。

每一段缘分，都有平仄；每一个故事，都有韵脚。如今的你，又是否逢候了诗歌的缘分呢？

诗词殿堂　千古流韵

——《经典咏流传》教学设计

广州市第十六中学　刘　虹　张　迎

一、活动设想

中国诗词是中华优秀传统文化中最能展现中国人情感世界、审美世界，最能敏锐感受时代风云、体现时代变化的艺术形式之一。鉴于学生通过必修1、必修3古典诗歌单元的学习，已经初步感知古诗词之美，掌握了诗词基本的鉴赏方法；学生通过选修1《唐诗宋词元散曲》的学习，领略古诗词里博大精深的文化；在高二，在全班分小组成立诗社，开展《唐诗百话》《唐宋词简释》《唐宋词鉴赏辞典》《宋词鉴赏辞典》《品中国文人1》《品中国文人2》等整本书的阅读，本设计通过借鉴中央电视台《经典咏流传》的形式，来扩充学生阅读诗词的广度和深度，加强积累，增强学生阅读鉴赏诗词的兴趣；尝试用悠久灿烂的诗词文化感染熏陶学生，丰富情感世界，培养审美情趣，培养文化自信，传承中华优秀传统文化。

二、活动目标

目标 1：借助工具书和有关资料，读懂《唐诗百话》《唐宋词简释》等古代诗歌，背诵一定数量的古代诗歌名篇，学习古代诗词格律知识，尝试为自己的诗社创作诗词。

目标 2：借助“和诗以歌”的形式，让学生在演绎中领略诗词之美、音乐之美、情感之美和精神之美，感受中国传统文化的魅力。借助小组合作鉴赏诗歌的形式，从不同角度和层面发现作品意蕴，获得阅读体验。借助“评点诗话”的形式，培养学生崇尚真知、理性思维。

目标 3：学生在阅读古代优秀的诗歌作品中合作，联席点评，解读诗词含义，深挖诗词的内涵，产生情感共鸣、激发传播欲望。树立文化自信，让年轻群体从更年轻化的语态表现中去汲取中国优秀传统文化的营养。

三、重点难点

《经典咏流传》活动重点难点如表 27 所示。

表 27 《经典咏流传》活动重点难点

知识维度	认知过程维度					
	记忆	理解	运用	分析	评价	创造
事实性知识	目标 1		目标 2			
概念性知识		目标 1	目标 1	目标 2		
程序性知识			目标 1	目标 2		目标 1
反省认知知识			目标 1、2		目标 2、3	目标 2、3

四、活动准备

（1）全班同学利用课余时间观看中央电视台《经典咏流传》节目，并选择自己喜欢的诗词学唱或翻唱，并分享自己喜欢的诗词，最好能将传统诗词与流行元素结合，重新谱曲歌唱，找到了诗歌传承的蹊径，唤起同学们对古典诗词的不朽记忆。

（2）全班分为八个诗社，要求：每个诗社选取一首诗词，先朗读或咏唱诗歌，最后鉴赏品诗。朗读诗歌可以是一个人，也可以多人；咏唱诗歌可以翻唱、也可以自己创作；鉴赏品诗。

（3）每个诗社推选一人成立班级“评判团”，根据评价标准，评出优秀诗社。

（4）活动诗歌素材可从以下诗歌中选取，也可以自选诗词。

李白：《将进酒》《月下独酌》

李煜：《相见欢》（无言独上西楼）、《乌夜啼》（林花谢了春红）和《虞美人》

苏轼：《水调歌头》（明月几时有）《蝶恋花》《定风波》

欧阳修：《玉楼春》（别后不知君远近）

辛弃疾：《丑奴儿》（少年不识愁滋味）、《青玉案》

范仲淹：《苏幕遮》（碧云天，黄叶地）

秦少游：《桃园忆故人》（玉楼深锁多情种）

聂胜琼：《鹧鸪天》（玉惨花愁出凤城）

温庭筠：《菩萨蛮》（小山重叠金明灭）

其他：《金缕衣》（劝君莫惜金缕衣）《我住长江头》《长相思》等

五、活动方式

经典咏流传——“诗社”活动分享。

活动课时：2 课时。

活动对象：高二（7）班。

六、活动过程

《经典咏流传》活动过程如表 28 所示。

表 28 《经典咏流传》活动过程

活动环节	设计意图
展·诗社印象	让学生创作代表自己诗社特点的诗歌并展示，激发学生的阅读热情并学以致用
咏·经典传唱	文以载道，歌以咏志。让学生在吟唱中，感受与品味中华诗词的韵律之美，用流行的音符唤醒学生对经典诗词生命力的感受，领悟与思考古代先贤的情怀、智慧。通过传颂经典的形式，让诗词流行起来，传承下去
赏·诗词特色	含英咀华，探胜寻幽。让学生选择任一角度对文本进行阐释，培养学生整合和运用赏析知识的能力以及多角度赏析诗歌的能力
品·古今诗话	引导学生了解传统评价诗歌方法——诗话，借助我国这一传统诗歌的批评方式，加深对所选诗歌的理解，增强学生在阅读中的主体性，培养学生批判性思维
评·赞弹交流	让学生评判团对各个诗社活动进行“赞弹评”来发表自己独特的见解。在思想的碰撞中，产生有价值的观点，加深对诗词的感悟
悟·活动反思	让学生在诗词阅读活动反思中，不断地积累、体验、思考、整合，学会触类旁通，感悟中华传统文化的魅力

5. 古文类

（建议高二或高三年级使用）

千古名言　智慧渊薮

——感悟《论语》中的“君子之道”活动教学设计

广州市第十六中学　张　迎

一、活动背景

阅读教学是语文教学的核心，粤教版高中语文必修 4 文言文（2）有推荐阅读“千古名言　智慧渊薮”——《论语》。以孔子为代表的儒家思想，是中国传统文化的主干之一。在中华民族的思想发展史上，孔子的思想影响最大、时间最长、程度最深。阅读《论语》，从中汲取孔子在立身处世、治学修身、为政治国等方面的理论和智慧，是二千多年来仁人志士的必修课。因此，我以主题阅读方式指导学生在读背《论语》的基础上，精读了《论语》中的“君子之道”，以期通过“君子之道”的阅读，引导学生进行深度阅读，充分调动学生的口头与写作表达能力、收集整理信息的能力、语言文学鉴赏能力。同时也想通过此次主题阅读带动《论语》的整本书阅读，激发学生阅读兴趣，提高学生的审美能力，培养批判性思维，增强语文核心素养，传承祖国优秀文化。

二、活动目标

（1）知识与能力目标：让学生在读背《论语》“君子之道”的基础上，走近《论语》。理解“君子之道”的内涵，综合培养学生查阅、整理、筛选、整合资料的能力，培养学生的思维能力和合作探究的精神。

（2）过程与方法目标：通过小组合作探究阅读任务的方式，培养良好的阅读习惯。学以致用，通过“君子之道”阅读活动的学习，激发学生对《论语》整本书的阅读，培养学生迁移阅读和写作的能力，提高学生的问题意识和批判质疑的能力。

（3）情感态度与价值观目标：培养“君子意识”，提高学生独立思考和独立感受生活的能力，丰富和充实自己的人生体验，培养学生感知、欣赏、评价美的意识和基本能力等语文核心素养，传承中国文化。

三、活动过程

（一）吟诵《论语》名言，感受《论语》之美

设计意图：吟诵能够激发学生的热情，既展现了学生的吟诵能力，又让他们积累了很多古语名言，提升语文素养。

6位同学分别就《论语》中“为学之道”“君子之道”“修身之道”“交友之道”“处世之道”和“为政之道”进行吟诵。

注：每位吟诵同学自行选择吟诵内容展示，要求每人3~5句。

（二）走近“君子之道”，感知“君子内涵”

设计意图：这一环节主要由老师讲解。让学生对“君子”有一个系统整体的了解。

被誉为“东方《圣经》”的《论语》则是一部思想含量丰富、意蕴深邃的经典。孔子以“要言不烦”面授弟子诸多教诲。学贯中西的国学大师辜鸿铭先生在《中国人的精神》中说过：孔子教导下的整个体系，可以用一个词来总结，那就是“君子之道”。他把“君子之道”看做《论语》的重心。“君子”原是西周、春秋时对贵族男子的通称，可以说是身份君子。在《论语》中，“君子”一词的含义进一步丰富，具有双重含义：一是身份君子；二是道德君子，不一定有贵族身份，但通过学习，具有德行学问，非贵族的知识分子可以成就为道德君子。“君子”是《论语》中谈论最多的概念之一，刻画了“君子”特定的形象。

课前，我们已整合出《论语》中论说“君子之道”的章节。《论语》中论说的“君子之道”概括起来讲，主要是“仁、义、礼、智、信、志、好学、践行”等方面。下面我们要讨论孔子创立的“君子之道”的具体内涵及其对中国历史乃至当今的文化影响。

（三）鉴赏“君子之道”，探究“君子内涵”

设计意图：为了让学生深入理解《论语》中“君子”的内涵，此环节采用小组分工合作的方式，带着任务去探究“君子”某一方面的品质与内涵，培养学生的联想式和发散式思维。

这一环节主要在课前完成。根据老师展示的范例，各小组按要求完成“君子有仁”“君子修义”“君子有礼”“君子讲信”“君子有志”“君子践行”“君子有智”“君子好学”等阅读探究任务。课前探究任务具体安排如下例：

第一小组：探究“君子有仁”。

（1）《论语》中关于“君子有仁”的内容有哪些？

（2）翻译并鉴赏这些内容，“君子有仁”中“仁”的具体内涵是什么？

（3）“古今名人召集令”活动：

脑力激荡，引经据典，为“君子有仁”找代言人，结合古今中外历史、现实材料或人物实例分析论证并提出“君子有仁”的特质与价值。

（4）“君子新闻观察站”活动：

课后剪辑新闻，结合“君子有仁”，从新闻焦点观察归纳君子特质并撰写新闻评论。将“君子有仁”的精神与现实社会结合，体悟其对个人修身处世的意义及现代社会文明的影响，以及怎么将其运用于社会生活实践。

（四）感悟“君子之道”，讲述“心中君子”

设计意图：主要让学生结合自己的阅读经验和生活经历，说一说心目中的君子，与自己的实际相结合。

孔子以“君子”作为为现实的理想人格追求，孟子认为君子应“穷则独善其身，达则兼济天下”。无论时代如何发展，君子都是人们心中的人格典范。君子所涉品行多样，有人推崇《君子国》中谦让抑己的国民，认为他们人人都是君子；有人则是欣赏现实生活中仗义执言、奉公守法的人，认为这样的人是君子。

在你心中,“君子”应该具备怎样的品行,你想成为一个怎样的君子,为什么?

活动方式:“我心目中的君子”主题演讲。

活动要求:

(1)说说你“心目中的君子”应该具备怎样的品行，你想成为一个怎样的君子，为什么?

(2)其他同学根据演讲同学所讲述内容，对君子品行进行总结概括。

(五)领悟“君子内涵”，背诵“君子之道”

设计意图:在对“君子之道”深入探究的基础上，通过背诵让学生内化知识，掌握“君子之道”。

方式:老师说上句，学生接下句。

结语:北宋儒家周敦颐先生说:“圣人之道，入乎耳，存乎心，蕴之为德行，行之为事业。”他强调，对圣人所言之道，应该在耳闻之后，时时存念于心，积聚蓄藏在内，以涵养成为我们所自有的德行，并实践出来成就为事业，造福天下苍生。努力谋求修身淑世就是“君子”，希望同学们都能成为一个谦谦君子。

三、阅读成果

1.《三国演义》

潜龙于世，见龙在田

广州市第十六中学　高一（6）班：邹思奇

所谓力忠于君王，马革裹尸者，兵者也;听观风云，不为所动，闭家自居者，书生也；行侠仗义，为贫贱打抱不平者，侠士也。然何以为雄?

便观之《三国演义》，张飞、典韦鲁莽好事非我所爱；曹操、孙权苦心孤诣于江山社稷，亟亟奔走在王权争夺非我所向。唯有那躬耕南阳的诸葛孔明慑住了我的心魂。

忍，潜龙勿用。人意于高山，则不意于泥沼。纯粹而不杂，静一而不变。静以对苟且于生死之间，无为在名利之赏。孔明胸怀大志，却恐在乱世助以暴君，害民一世；举之昏君，难得良用。他便居于隆中，如姜太公与张子房一般等待着自己的周文王与汉高祖。而相比于桃园三结义，未厚积其能势便敢三英战吕布、欲势比曹操，却终有志不得屯于新野。虽不少人赞其胆气豪情，但尚未摸清黄巾起义，董卓盗王令，曹操一举立魏的形势贸然盲战，实不可为有谋。故所谓忍，便应如孔明有“潜龙于世，见龙在田”的气度与耐性。懂得在时局动荡时忍辱退让，静观风云，何时“不鸣则已，一鸣惊人”，才能以大智去扭转乾坤。故孔明遇玄德如鱼得水，忍而后发，给乱世一计重击，实为智雄。

文韬武略，深谙兵阵之道，又饱读诗书经典，方可成为战场上叱咤风云的人物。有胆无谋，只逞一时匹夫之勇，没有长远的见解与足够的心机，一个“义”字便让他们舍身相报，实不可为雄。关羽乃一介武圣，善春秋、精兵道，却终是败走麦城，为何？华容道义放曹操，单骑闯麦城，虽不少人称其义气英勇，却不为明智之举。反观孔明，三锦囊予以赵子龙，让蜀国与吴国建成同盟关系，成为赤壁之战胜利的关键一步。赤壁大捷后孔明毫不念及同盟之情，三气周瑜，削弱吴国水军实力——过河拆桥，孔明是世上不多的聪明人。而只知观战场风云，没经历过刀光血雨的人，领兵战场必会大败。果不其然，战国时赵国赵括——纸上谈兵，谈起兵法头头是道，其父赵奢方称不能。然长平之战，赵国十万大军葬于其手，兵败白起，为赵国铺开灭亡之路。“功盖三分国，名成八阵图”孔明躬耕于南阳，钻研地形磁场、五行轮转的奥妙。辅佐刘备以来，孔明巧设八阵图困住陆逊。“阵间容阵、队间容队”“奇正相生，循环无端”遂见得诸葛亮非是饱读兵书却纸上谈兵之人。他将厚积的才能待明君出现时一触即发，将兵阵之道用到极限。其才前比于张子房，自能“决胜千里于帐中”，后比于岳鹏举，何输其“收拾旧山河”的英才？

文韬武略之能为征战南北的将才，任不足以成指为雄。雄者，用人之法莫不能少。遥想汉高祖对陈平重用有加，虽此人贪心钱财，但刘邦依旧四万黄金予他以施反间之计，成为兵败项羽的重要一步。故言之，用人用其所长，若其短无影响其长远，方可用之。刘备过世后孔明执政，为新帝物色了众多后起之才，重其所长，各施其能。“为人择官则乱，为官择人则抬，是以聘求贤士。”故将众人予以德才兼备之人，蒋琬、费祎、董允、姜维人所推重，孔明择之，成就“四相”。然错用其才却会使千古康庄付之一炬。比于刘邦，楚汉之争的失败者项羽便是输在用人一步，其不懂得择谋士，重用范增。“谁合军中小称亚父，直须推让外黄儿”范增立帝，涨他人之威；范增清野幼稚之举，莫如黄毛小儿之荐。项羽重用此等在政治军事上无深谋远虑之人乃兵败之由也。世人皆叹孔明慧眼识人，又怎知他成于用人，败于用人？一是错用马谡痛失街亭，一是拒用魏延长安为捷。街亭乃汉中重镇，孔明深知其战略地位，深知司马懿久攻不下、一筹莫展，更深知马谡缺乏实战经验，却为师徒之情，宁肯拨人批人马相助，宁肯对赵云、魏延此等骁将弃而不用，也中了邪似的垂青于“言过其实”的马谡。街亭的失利，给孔明的偏爱偏信当头一棒。故言之，其雄者，应知才之短、用才所长，不以私利，不轻信他人。群才得良用之人，必为雄。

其雄者，必有雄者之心也，然此为孔明所不及。孔明有平天下之大志，有力克群才之谋略，却独少了帝王家自起一朝的霸气。他佐于刘备，只能言其得良主，却是有艺无道啊。曹操有着权衡九州的胆气，刘备有着一举立汉的雄心。而孔明却空有一身本领，只知愚忠于蜀，连后主此等庸君也佐之有加。不少人感其诚，却终只为王者师，何有变更时代，倒转乾坤之勇？遂英雄终是迟暮，败下毕生心血并非输其“艺”，而是其“道”啊。孔明征战南北，遂留后主萎靡深宫。“吾本欲竭忠尽力，恢复中原，复兴汉室；奈天意如此，吾旦夕将死。”随着长明灯在漫漫长夜中悄然熄灭，一代贤臣陨落，蜀国的后路便如长夜无从探索，走向灭亡。

雄者，人而后发，一鸣惊人；用其贤才，光以汉室，却“出师未捷身先死，长使英雄泪满襟”。以千古谋圣之智筑三国将相之才，矢志终隐，千古唯君！

一代“奸”雄

——论《三国演义》之曹操

广州市第十六中学　高一（9）班：颜亚楠

有人言，曹操倾权朝野，生民百遗一，挟天子犯君威，乱世无情多疑，作一代奸雄。其事不假，但曹操真如此言“奸”否？非也。时势造英雄，历史的潮流注定了曹操顺应时势的作为，其非为“奸”，反为智。

言他权倾朝野，野心惧人？其不然。顾往昔，曹操出身显赫，其父及名义上的祖父均为朝中重臣（曹操的父亲曹嵩是曹腾的养子，汉灵帝时官至太尉，汉桓帝时被封为费亭侯），德高望重。羡煞旁人的出身带来无限恭维。在身份重压之下，他能选择前途方向吗？不能。太尉齐玄言“吾老矣，愿以妻子为托！”显然寄予厚望；与此同时，官场风起云涌，暗潮澎湃，多少人明里暗地虎视眈眈盼这名门之后下马？曹操从小肩负如此压力，何其艰辛！为了自保，必得势；为了得势，必然集权。为了生存，权倾朝野又何妨？

可真野心惧人？他曾言：“欲为一郡守，好作政教，以建立名誉。”字里行间，无不展现其年轻时的雄心壮志——造福于民。可算野心？否！后来，数次面对当政者碌碌无为之象、上层阶级无可救药的奢靡之风，他的期待被点点消磨："以四时归乡里，于谯东五十里筑精舍，欲秋夏读书，冬春射猎，求底下之地，欲以泥水自蔽，绝宾客往来之望。"此时哀于君，忧于民，更别谈何野心！但历史潮流之下，若就此消沉，曹操也不会有"挟天子令诸侯"之就，更不会鼎力一国之首，在那个兵荒马乱的时代书写汗青传奇。还是那句真理：时势造英雄。并非是曹操有野心，而是不得不顺应天时求得太平。亲人逝去、满门抄斩、横祸连连。无论外民起义还是内政排挤之下，曹操若不反抗，只能沦为九泉之下含憾而终的无名冤魂被历史的车轮所碾灭。故而，他只能踩着万具枯骨，攀上权力的宝座。

想当初十八路诸侯大会，万将犹豫退却，唯他慷慨激昂："诸君听吾计，使渤海引河内之众临孟津，酸枣诸将守成皋，据敖仓，塞轘辕、太谷，全制其险；使袁将军率南阳之军军丹、析，入武关，以震三辅：皆高垒深壁，勿与战，益为疑兵，示天下形势，以顺诛逆，可立定也。今兵以义动，持疑而不进，失天下之望，窃为诸君耻之！"问此胆气，问此谋略，哪输于卧龙孔明半分？却无人以为意！甚引诸侯讽其初生牛犊不怕虎！而后曹操自领兵西攻，打董卓败落，奔逃千里。若非无人赏识相助，何至于此！亡兵血溅路，铁骑鸣断肠。历史上又有何人在乎过他卓越才华绽放背后这出生入死的艰辛？往昔道尽辛酸泪，如此牺牲，换得满朝倾拜，有何不妥？史上因挟天子令诸侯而批判曹操的人，不过是目光短浅的妒夫而已。

生民百遗一？或然。操之过？非矣！还原当朝史实——东汉末年，军阀混战，地主阶级与农民阶级矛盾之风愈吹愈烈。难道曹操不发兵、不控权、不设计，就没有百姓伤亡了吗？就没有大量无辜黎民丧命了吗？不！历史的潮流注定了时代的更替，伴随了混乱。若无一统地界的胜利，若无铁血果断的政策，好比群龙无首，何来安宁？有时候流血甚至是牺牲不过是为了长久的平定。何况曹操代表的是中小地主的利益。数年沉淀的复出中，他势单力薄，上有大贵族、大官僚、大地主集体的利益的压迫，下有农民阶级的暴动，可谓前有狼后有虎。在这吃人的环境中，不流血何以生存？不手腕铁血何以服众？不使计何以聚势？人们只听得他仰天不羁笑言："宁教我负天下人，休教天下人负我！"又何曾听过他次次被同僚背叛、政党倒戈、骨肉被迫分离甚至天人永隔时深深压抑在心底的悲鸣咆哮？历史，永远只会记录表面的成败，无人问津背后的喋喋泣血！不否认曹操生性多疑，这却是他历经次次叛离的惨痛教训——慎言谨行；不否认心计，却是他稳舵官场朝中汹涌暗潮的重要依仗。欲得安宁，必求胜局；欲得胜局，必不择手段。在"生民百遗一"表象之下，实则是牺牲少数人的利益换取多数人的大同罢了。"生民百遗一"也不过是夸张的说法，不然若真当残暴，为何战场无人倒戈？

挟天子号诸侯乱君臣之伦？再看曹操身世背景。他需要在统治阶级的夹缝中生存，需权，需势，需利；沉寂数年，无友，无亲，无助，他孤身一人行走在刀锋边缘。既然有现成的挡箭牌，不加以利用难道是傻子吗？如今我们也不再迷信古时死板的君臣之道——以当代人的眼光，一个无能软弱的庸君，也许不昏，但无法维持国家兴盛，又留之何用？与其尸位素餐还不如乖乖退出政治舞台提早谢幕才是正道！如此可见，曹操挟天子并非大逆不道，反而聪慧异常、思想先进。这对比古今以此说事的人，他们在曹操的敏锐果断之下显得肤浅可笑。就算非卖上司一个面子，曹操也没有拉皇帝下马不是？安居身后任宰相一职，留皇帝一面风光，供他吃好喝好穿好睡好尽是皇帝应有的待遇，自己却在外奔波劳心劳力——一个宁可错杀一百不放过一人的狠绝慎行的人做到了这种地步，难道还不够？

无情？残暴？奸诈？极不然！闻家被抄，哭倒于地；知有贤能之士，广而罗致；功臣身亡，诚信哀悼，哭的功力与刘备可相匹敌。此何为无情？何谓残暴？哪怕有出于利益的成分，谁又能否认他优厚的待遇？就连死对头阵营蜀国中的关羽，也都为他辩护："公路息怒。此人既出大言，必有勇略；试教出马，如其不胜，责之未迟。"若非永绝后患，不难看出他是极为惜才之士，岂能用"残暴"、"奸邪"妄加评论！至于华佗，在那种无法消毒条件不全设施远不如现代连得个肺结核都会双脚一蹬的时代，他却拿着一把大刀说虽然是第一次之前没开过脑但一定能成事——谁信？那可不是胳膊屁股腿，而是紧紧裹着一层皮加骨头的脑袋！也亏曹操竟然没有抄了华佗他家，何况华佗还与敌方人士相识。至于杨修，猜测上司心理还不加掩饰说出来也就算了，曹操惜才，他忍！拐带曹操儿子曹植打曹丕的小报告，破坏曹操给儿子们的"考试"各种通风报信帮曹植作弊，这也就算了，可居然连行踪都不知道隐藏，还被史官这么"光明正大"地载入了史册——不是不报，时候未到！曹操心里自我安慰，他忍！终于在杨修论"鸡肋"让大军收拾家当拍屁股走人的时候，曹操怒了——是可忍孰不可忍也！曹操心里咆哮着老子身为堂堂帅将都没有下令你蹦跶个甚？拖出去斩了！如上述，我对古今以此说事指责曹操的人十分不解，这哪里是无情，哪里是残暴，哪里是妒才了？狡诈？周瑜苦肉计骗人、孔明草船借箭逗人、火烧赤壁玩人。罗贯中先生赞不绝口——多么机智！杀人不多费兵卒！怎么到了曹操这儿控权弄些小聪明、战场卖关羽他们几个人情就叫奸诈了？亏曹操如今闻戏曲、部分文人说词没气得从棺材里跳出来。

综上，曹操一代风流人物，亦雄，但绝非奸雄。他非奸而智，不论文学还是军事都不可否认其高超深厚的造诣。文笔苍劲雄厚，激扬豪迈，情绪慷慨淋漓；军事慎行果决，擅罗人才，勇谋并存，面对曹洪赏罚分明，积极自识，有错能正——这是何等的风采和气魄！“夫英雄者，胸怀大志，腹有良谋，有包藏宇宙之机，吞吐天地之志也。”曹操当仁不让！

如此枭雄，竟因文人艺术性刻画而受人唾弃，成为奸邪佞臣的代表，惜哉叹哉！

2.《红楼梦》

解梦红楼

广州市第 16 中学　谭宝鑫

摘要：通过解读《红楼梦》经典人物，解惑木石前盟与金玉良缘的盘根错节和贾府兴衰的千古谜案，彰显中国古典名著《红楼梦》是在人物塑造、情节处理以及思想内涵上的高超艺术，从而印证《红楼梦》无愧于中国古典文学的巅峰之作，中国文学的集大成者！“解梦红楼”——红楼是梦，梦里红楼，这就是《红楼梦》永不磨灭的魅力所在。

关键词：林黛玉；薛宝钗；秦可卿；爱情悲剧；贾府兴衰

《红楼梦》，中国古典四大名著之一，被誉为中国古典文学的巅峰之作。有人曾说：“中国可以没有万里长城，却不可以没有《红楼梦》。”还有人说：“一部红楼，半壁江山。”欧洲有学者也曾说：“《红楼梦》是欧洲文化永远达不到的高度写照”。被给予如此高评价的《红楼梦》究竟具备怎样经久不衰的魅力？木石前盟与金玉良缘的盘根错节和贾府兴衰的千古谜案正是《红楼梦》永不磨灭的魅力所在。

从宝黛相生相克看爱情悲剧

中国建筑学、美术学，都讲求对称美，文学人物的塑造也是一样。在《红楼梦》中，林黛玉和薛宝钗是两个从身世、命运到性格、人格都完全相反的人物，但她们之间却总存在一些相生相克、藕断丝连的联系。宝钗体态丰盈而黛玉瘦弱多病，宝钗“晓之以理”，黛玉“动之以情”，宝钗端庄典雅，冷静含蓄不露声色，黛玉多愁善感，喜怒哀乐皆形于色，宝钗有兄有母有资产，黛玉一无所有，宝钗人气人缘俱佳，而黛玉少有知己。宝钗与宝玉是金玉良缘，黛玉与宝玉是木石前盟。宝钗从一开始就注定了与宝玉的婚姻，而黛玉得到了宝玉坚贞不渝的爱情。让我们一起走近宝钗和黛玉。

先说黛玉，她原为太虚幻境中的绛珠仙草，为报答神瑛侍者灌溉之恩而转世人间，用一生的眼泪来偿还。黛玉尚未出世，前身已做足死于对爱情渴望的准备，这个优美的神话故事为二玉之恋奠定了思想基础，它是男女主人公的生命灵根，甘露化泪正是他们至死相爱的极具诗意的表达。但同时，他们之间的爱情悲剧从他们初次见面的那一刻起就被注定，宝玉的一句“可也有玉没有？”让我们看到了一场对于爱情可望而不可即的遥望。宝玉有玉，黛玉无玉，这就是不平衡，这就是悲剧的预兆，这就是所谓的“有情人难成眷属”。

对于黛玉的描写中最为人们所熟知的就是黛玉葬花，一句“一朝春尽红颜老，花落人亡两不知”使林黛玉从此成为一个极具美学含义的代名词，黛玉葬花表面是写青春期的苦闷，黛玉因去探视宝玉被晴雯拒之门外，却又听见宝玉与宝钗在屋内说笑，误认为“宝玉以为自己要告他而生气”，看见落花不禁睹物思人，联想到自己无父无母，寄人篱下的凄惨身世，写下《葬花吟》，《葬花吟》因此成为宝玉黛玉爱河的浪花。在葬花时，黛玉将碧晶晶的珠泪洒在飘落的桃花上，是在用满腹深情去考验锤炼着宝玉。而纵观其实质内涵，葬花实是对黛玉整个生命的痛惜，她永远也学不会去讨好封建家长，她永远也学不会宝钗的处事圆滑，尽管她在努力去顺应这个社会，但她太真实，太叛逆，太高洁，太孤傲，她的眼里揉不进沙子，心里装不下尘埃，她追求绝对的纯净，这使她永远与这个封建大家庭格格不入，这使她永远与这个不太干净的社会背道而驰，她是封建社会的叛逆者，但她没有力量去改变身边的一草一木，她所能做的就是用刀子般的言语来揭露周围的种种黑暗，她在用自己的"敏感，小心眼"来无力地反抗封建礼教的束缚，她在用自己的眼泪来表达一种无声的抗拒！林黛玉影射了曹雪芹所在社会的一类具有反抗精神的人，同时也是曹雪芹自身反封建思想的真实写照。

再说宝钗，宝钗是一个完美到极致不能再完美的人，她的贤淑在贾府有口皆碑，她有与宝玉齐眉案举，天造地对的金锁，她的美丽也曾使宝玉心动神移，但宝玉依旧义无反顾地选择了任性，小心眼，善妒，多疑，悲观的黛玉。事实上，宝钗那没有一丝瑕疵的完美本身就是她最大的瑕疵，正是因为她过于绝对的完美使她没有了个性，她从不悲观，从不苦闷，从不贪图周围的一切，她太不暴露自己的情感，把自己控制得太严丝合缝，这使她永远无法达到与宝玉觅求浪漫的心灵契合。

黛玉葬花让我们看到了一个天生情性的真实黛玉，那么与此相对，宝钗扑蝶就是曹雪芹对薛宝钗这个人物刻画的点睛之笔。宝钗追扑蝴蝶中无意听到滴翠亭里红玉和坠儿谈论男女私情，被察觉后使了一招金蝉脱壳，假装寻找黛玉，不但巧妙摆脱干系，反而使这两个丫鬟对黛玉产生猜忌，许多人因此认为薛宝钗虚伪狡诈心机重，但在小说中，宝钗从未表现出对黛玉的任何敌视与排挤，她一直把黛玉当做好姐妹，反倒是黛玉时不时地吃醋计较一下。在发现黛玉读《西厢记》时，宝钗没有当面嘲讽揭短，而是私下里找时间以一种关心劝解的口吻跟黛玉谈话，可见在曹雪芹笔下宝钗是一个宽容大度、温柔善良、大方得体的形象，并不是一个含贬义、批判、讽刺意味的形象，那么作者这样塑造人物是否想告诉我们，我们所看到的她的狡诈并不是她的原因，而是封建礼教思想的产物？薛宝钗以她处事圆滑的生存之道和“事不关己不开口，一问摇头三不知”的明哲保身的处世之道，在矛盾重重、派系复杂的贾府中机智多变，八面玲珑，以自己的聪慧周旋于所有人之间。因为她完全愉快而自觉自愿地接受了当时主流文化的熏陶，这使她的一举一动、所有说辞都合情合理，这使她很自然地去注意揣摩迎合贾府统治者的心意以博取他们的好感，她符合主流意识形态和主流价值观的一切要求。她不巴结强势的人，也不轻视压迫弱势的人，她对主流和非主流人物都非常尊重，以至于连赵姨娘这种见谁都恨的人都夸她“大度得体”。薛宝钗影射了当时社会的另一类人，他们是封建文化的代表，是道德与礼数教化的体现。

“可叹停机德，堪怜咏絮才。玉带林中挂，金簪雪里埋。”“玉带林”倒读就是林黛玉，“雪”与“薛”谐音，“金簪”代指宝钗，这篇判词将宝黛二人合二为一，同时表达对两人的称颂和同情。这样绝妙的处理其实是作者内心的真实独白，作者心中最理想的女性就是兼具黛玉的真诚性情和宝钗的端庄大方，这种思想在当时社会是不被社会所接纳的，所以作者只能将这种兼具动静之美的思想观念融入自己的小说中。

从可卿身世之谜看贾府兴衰

提到贾府的兴衰，不得不提的一个人物就是秦可卿。秦可卿，金陵十二钗最后一钗。身为金陵十二冠首女子中的最后一位，本当为《红楼梦》中的主要人物的秦可卿却于小说第五回出场,第十三回就以“去世”退场。因为《红楼梦》原版后四十回的遗失，这也使她成为金陵十二钗中唯一一位由曹雪芹原笔刻画完成的人物。具有如此特殊地位的秦可卿却以一种跑龙套的形式在小说中昙花一现实在令人匪夷所思，而她扑朔迷离的身世之谜更成为文学史上最为深奥的千古谜团之一。

要解开隐藏在秦可卿背后的故事当首先从贾府错综复杂的阶层关系入手，贾府分为宁荣二府，荣国府贾母育有二子，长子贾赦生贾琏，次子贾政生贾珠、宝玉及贾环，贾珠英年早逝仍留下一幼子贾兰，而宁府贾敬出家，其子贾珍继承贾家族长只有一子贾蓉。对比荣国府，反观宁国府的一脉单传就显得岌岌可危。对于像贾家这种封建大家族来说传宗接代尤为重要，而宁国府一脉单传的特殊原因，贾蓉的婚配便成为贾府上下的头等大事。此外封建大家族极为讲求门当户对，金陵四大家族互为联姻，因而贾蓉理应与其他三大家族甚至地位高于四大家族的人结亲，即使无法与史王薛三家联姻，也当与像尤氏、邢氏、李氏这些地位略低于四大家族的人联姻，可小说中贾蓉正妻秦可卿却是小户人家从养生堂领养的弃婴，这样的身份于情于理都没有资格成为贾家一脉单传的重孙媳妇。书中关于秦可卿身世的交代也令人觉得十分荒诞离奇,“因当年无儿女，便向养生堂抱了一个儿子和一个女儿。谁知儿子又死了，只剩下女儿。”因无儿女要领养儿子传宗接代还说得过去，为何要领女儿，而且儿子还死了，这样的交代显然是作者蓄意为之，仿佛有意引导读者去推敲。

从贾府的婚配状况可以分析出秦可卿作为贾蓉之妻其身世绝无可能是养生堂领养的弃婴，那么她的真实身份是什么呢？小说多处情节表现出秦可卿在贾家受到极为特殊的待遇，全府上下对她极为尊重有礼，甚至连贾家最高统治者贾母都给予她极高的评价“乃重孙媳中第一个得意之人”。秦可卿本就是贾母唯一的重孙媳，却说是第一个得意之人，言下之意就是以后的重孙媳也都不如秦可卿。如此说明秦可卿绝无可能是个弃婴，身份地位极有可能高于贾府。而秦可卿的闺房更是不禁使人眼前一亮，“武则天当日镜室中设着的宝镜”，“飞燕立着舞过的金盘”，“安禄山掷过伤了太真乳的木瓜玉器”，“寿昌公主于含章殿下卧的榻”，“同昌公主制的莲珠账”，“西子浣过的纱衾”，“红娘抱过的鸳枕”，这些前朝皇帝公主王妃的东西只有当朝王室方能享用，秦可卿的真实身份若非王公贵族怎配享用这些东西？再有秦可卿死后所用的棺材价值连城，是原先给义忠亲王老千岁留用的。小说中写道:“纹若槟榔，味若檀麝，玎珰如玉石”，“薛蟠笑道：拿一千两银子来，只怕也没处买去。”贾政因劝道：“此物恐非常人可享者”，如此珍贵的棺木竟然给了秦可卿用，而且出葬当日，皇帝亲派大明宫掌宫内相戴权，即皇帝亲随的大太监前来祭祀。秦可卿若只是贾家的一个重孙媳妇何至于惊动圣驾？！

而关于秦可卿的丧事，小说所写“白漫漫人来人往，花簇簇官去官来”，“压地银山般”送丧队伍和“六国公路祭”，不仅只是揭示秦可卿身份之尊贵，有著名学者指出：“写丧事，写出人物，写出风俗，写出人生百态，写出泼天富贵下深藏的危机，就像一幅《清明上河图》。”

小说第十回写秦可卿病重却久病不得治，然后由冯紫英的一个幼时从学先生名叫张友士的来看病，可是本回标题却是“张太医论病细穷源”，古时候只有给皇帝或皇亲国戚看病的大夫才能叫太医，张友士一介平民竟也称为太医，那么张友士若真是太医，那此行绝非是“上京给儿子捐官”。“张友士”与“长有事”谐音，意思是“长亲有要事相告”，冯紫英既为“已然坏了事”的义忠亲王的亲信，那么此番张太医论病细穷源，论病是虚，传意是实，不久后秦氏即亡。有红学家认为，小说中的在政治上失利的义忠亲王的历史原型可能是被康熙两次囚禁的皇太子胤礽，而结合曹雪芹家的兴衰，秦可卿的历史原型应当是胤礽被囚禁时偷偷送至曹家代为抚养的女儿。因而身为义忠亲王骨血的秦可卿的假身份只是个掩护，在小说中，她的存在就是政治斗争的牺牲品。所以贾府覆亡的根本原因,就是卷入了“日月双悬”的皇权之争。再看秦可卿自言“任凭神仙也罢，治得病治不得命，我知道我这病不过是捱日子”，更加证明了秦可卿之病实为心病，她身为王室遗孤，身陷黑暗政治斗争的深渊难以挣脱，这才是她最终“死封龙禁尉”之根源所在。秦可卿托梦于凤姐看出贾府盛极必衰：告诉凤姐说眼下有一件极好的事，引出“贾元春才选凤藻宫”，贾府进入鼎盛时期；劝凤姐早备田亩钱粮家塾以备家境败落之用，已为贾府的最终覆灭埋下了伏笔，作出了铺垫。由此点明了秦可卿与贾家兴衰的必然联系。这样看来，秦可卿位列金陵第十二钗的特殊地位也就不再显得荒诞、离奇，反而成了全书画龙点睛的神来之笔。

秦可卿是一个美的符号，一个爱的符号，她同时也是一个衰落的符号，是一个意识形态崩溃的符号。在秦可卿的判词中,所谓“情天情海”与“太虚幻境”的匾额与“孽海情天”义同,喻世间风月情多,“幻情身”是指幻变的情的化身，后两句“漫言不肖皆荣出，造衅开端实在宁”。意为不长进的东西都出自荣府，造祸开端的其实是宁府里的人，正是揭示了贾府的覆亡其根本原因不是宝玉、凤姐、贾琏等人之过，其实为可卿之故也。

拉美文学巨匠博尔赫斯曾试图探讨，《红楼梦》究竟是红楼孕育了梦，还是梦孕育了红楼，的确，《红楼梦》就是幻想与现实的血乳交融，就是一场爱情与人生的悲怆交响曲。

孤标傲世偕谁隐，一样花开为底迟

——《红楼梦》林黛玉的“美”的分析

广州市第十六中学　邹思奇

摘要：通过《红楼梦》的人物描写及事件，深度剖析曹雪芹对于黛玉之“美”的塑造。解析中国审美中对于女性美的认知，阐述林黛玉形象塑造的成功性。

关键词：真性美；古典美；才情美

林黛玉是个被“造物主”曹雪芹垂怜有加的“用水揉成”的女儿。她的至真至性让她同大家族中的圆滑世故格格不入，她的古典静美让她在烦琐世俗中偏安一隅，她的诗情意美被曹雪芹描绘为“世所稀也”。这一切的“美”让林黛玉从百花争艳的大观园中脱颖而出，在“金陵十二钗”中拔得头筹。

一、真性美

黛玉是大观园中最傲气的女子。清代文学家徐瀛在《红楼梦论赞》中说："薛宝钗善柔，黛玉善刚；薛宝钗用屈，黛玉用直；薛宝钗徇情，黛玉任性；薛宝钗做面子，黛玉绝尘埃；薛宝钗收人心，黛玉信天命，不知其他。"可见在圆滑世故的大家族中，黛玉不像薛宝钗、王熙凤一般趋炎附势，以他人所向来塑造自我，倒活得更加傲然本真。第七回中，周瑞家的来送宫花时道："各位都有了，这两枝是姑娘的了。"黛玉当时就"冷笑"道："我就知道，别人不挑剩下的也不给我。"几处言语勾勒出的细节，可看出黛玉并不在意宫花的价值，而是在意他人对自己的态度；并不是嫌弃宫花是否合乎心意，而被"挑剩下"伤了自尊，挫了傲气。第五十七回中，当紫鹃试探贾宝玉的心意，致使宝玉"痰迷急痛"、昏傻不省人事时，林黛玉甚至当着众人的面怪紫鹃，说出这样的话来："你不用捶！你竟拿绳子勒死我，是正经。"诸如此类的事件可以见得，黛玉在自己心上人受伤害时直率果断，对他人维护无余。黛玉就像一块水晶，通透澄澈，容不下半点污垢，却是如此不懂圆滑，棱角分明。

在黛玉孤芳自赏的外衣下包裹的却是一颗善良温暖的心。第四十五回"金兰契互剖金兰语"中可看出，虽然从滴翠亭宝钗金蝉脱壳嫁嫌于黛玉时，黛玉便对宝钗早有戒心。但当宝钗在黛玉孤独苦闷的时候，宝钗送来燕窝、和她话几句闺房秘语，黛玉便"谁知她竟真是个好人，我素日只当她藏奸"，不仅改变了对宝钗的看法，更把自己过去对她不尊敬的心理向对方表露无余。虽是中了宝钗的奸计，但在外人——甚至在黛玉看来，她和宝钗的关系在日渐缓和。而这一点并不只是单纯地表现出黛玉天真，更是她善良纯洁的体现。第四十八回“慕雅女雅集苦吟诗”，黛玉丝毫不介意香菱半妾半婢的身份，又是推荐并借给她诗书，又是帮她解释诗意，更是帮她命题作诗批改，也应了其自诩的“诲人不倦”。第四十五回中，当蘅芜苑两个老婆子“送了一大包燕窝来，还有一包子洁粉梅片雪花洋糖”时，黛玉又是“命他：‘外头坐了吃茶。’”，又是“命人‘给他们几百钱打些酒吃，避避雨气’”。由此可见在“一个个象乌眼鸡似的，恨不得你吃了我，我吃了你”的贾府中，唯黛玉能忽视森严的封建等级，既不将香菱当奴婢看待，如妹妹一般待她；又能切实体察底层劳动者的冷暖，足可见她的善良与不能轻易察觉的温暖。

黛玉为宝玉而生的至情至爱的性子是她真性情的最直接表现。第一回，僧人曾说绛珠仙草：“常说‘自己受了他雨露之惠，我并无此水可还。他若下世为人，我也同去走一遭，但把我一生所有的眼泪还他，也还得过了。’”她为报神瑛侍者灌溉之恩便随他下世还泪，可见黛玉自前世打进骨子里的印记便是个至情至爱之人。而从贯穿全书的对宝玉的嘘寒问暖，和宝玉的娇嗔笑骂，在关键时刻为宝玉敢怒敢言中犹可见得——黛玉不顾封建礼教的束缚，大胆反抗封建婚姻制度，在众人面前将对宝玉的关心与爱慕表露无遗。她是为自己的爱情而哭，爱情曾使她几死几生。当他们这种同生共命的爱情最后遭到毁灭时，她便"焚稿"、"绝粒"，玉石俱焚。九十八回“苦绛珠魂归离恨天”中，当无法挽回她与宝玉的婚姻，当神圣真挚的爱情终被封建的粗鄙无情地蹂躏，在贾母与王夫人精心策划的骗局中化为泡影时，黛玉在受尽“风刀霜剑严相逼”之苦后，于宝玉宝钗大婚之日“香魂一缕随风散，愁绪三更入梦遥！”她的主动寻死完成了她对宝玉前世今生的爱慕以及对封建世界的否定与背叛，为红楼一梦增添一缕最最凄美的香魂，连作者都忍不住赠上黛玉一句“莫怨东风当自嗟”。

二、古典美

曹雪芹对于黛玉的塑造几乎应和了所有中国人对于古典美的欣赏。

“受天地之精华，复得甘露滋养，脱了草本之胎换得人形”，用古典神话的神秘美好在故事的开头便为读者种下“仙女”“神灵”一般梦幻的印象。让黛玉从首到尾予人一种清丽脱俗的曼妙,“仙草修成的女体”定有倾城之容的幻想。

而对于黛玉的形体，曹雪芹并没有用浓墨重彩勾勒黛玉的眉眼、绫罗绸缎堆砌黛玉的身姿，不比得王熙凤，虽“彩绣辉煌，恍若神妃仙子”，却透出一种珠光宝气中的俗气。宝玉初见黛玉言曰：“两弯似蹙非蹙笼烟眉，一双似喜非喜含情目。”其婉转曼妙、清秀水灵的形象脱然于纸上。

至于对黛玉的静美的塑造。“娇袭一身之病。泪光点点，娇喘微微”，从宝玉对黛玉的印象中便可见得她“一身之病”的病态形象又弱不胜衣的身姿。第三回“接外孙贾母惜孤女”中，“黛玉道：‘我自来如此，从会吃饭时便吃药，到如今了，经过多少名医，总未见效。’”在彰显黛玉弱不禁风的同时，也为她的静美更平添一味药草的芬芳。“娴静如娇花照水，行动如弱柳扶风”，从全书来看，黛玉或独处潇湘馆一日不出，或落花荫下小息无言；走时莲步轻移，还需他人搀扶左右；闲时奇珍异草滋养生息，还需奴才丫鬟侍奉在御。中国人对于女性美的欣赏也恰是在于其静，而曹雪芹对于黛玉的塑造恰是吻合了中国人的传统审美观。所谓“绝代有佳人，幽居在空谷”，而幽居在潇湘馆的林妹妹便也给了读者一种恬静美的独特享受。

三、才情美

至于黛玉之诗赋才华，抬头可对月咏赋，低头可葬花吟诗，笑谈间“一从陶令平章后，千古高风说到今”，哭泣中“眼空蓄泪泪空垂，暗洒闲抛却为谁？”此等旷世奇才，是为读者所称道。

第二十七回“埋香冢飞燕泣残红”，黛玉伤那下人糟蹋了满地的凤仙石榴，便可脱口吟出《葬花吟》，可说是她自己身世的真实写照，也可以说是“一诗成谶”。“一年三百六十同，风刀霜剑严相逼！”道出了她对世态炎凉的切身之感，也在此埋下了她的注定凄惨的结局。“愿奴胁下生双翼，随风飞到天尽头”，将她对宝玉的爱慕，对于幸福超脱世俗的追求表露无遗。“尔今死去侬收葬，未卜侬身何日丧”，既表述出对生命的赞美讴歌，对春花已尽的痛惜，同时也是对前路迷茫的无助呐喊。“一朝春尽红颜老，花落人亡两不知”这般绝望，这般“红颜老”、“花落人亡”地预想自己的结局，其诗便让读者身临其境地感受到这般浓烈的哀愁，令人心生叹惋。

第三十七回“秋爽斋偶结海棠社，蘅芜院夜拟菊花”中，题结诗社时姑娘们以“咏白海棠”为题，以“门、盆、魂、痕、昏”为韵，限一炷香的时间赋诗。别人苦思冥想，凑着辞藻，压着韵味。林黛玉却静观秋色，独抚梧桐，等到众人纷纷交卷之时提笔一挥而就：“半卷湘帘半掩门，碾冰为土玉为盆。偷来梨蕊三分白，借得梅花一缕魂。月窟仙人缝缟袂，秋闺怨女拭啼痕。娇羞默默同谁诉，倦倚西风夜已昏。”遂不得众心所向，又于藕香榭作《咏菊》《问菊》《菊梦》包揽前三，拔得头筹。由此可见黛玉敏捷的才思与丰富的才情在众才女之中也可一枝独秀，叫人叹为观止，足可见黛玉的才华与情致世所稀也。

四、结论

苏霍姆林斯基说过："美，是道德纯洁、精神丰富、体魄健全的强大源泉。"曹雪芹对于黛玉美的描写也正是从其体态入手，由浅入深写其德行、精神之美，而其塑造的诸多特征也以中国人对于女性的传统审美为基石，由此塑造出一个难以令人理解、却讨人喜爱的黛玉形象。让黛玉这块藏进顽石中不得出的美玉，这株葬入雪中的梅花从《红楼梦》中脱颖而出。

3.《围城》

困于围城内的她与我们

——关于《围城》中的苏文纨

2015届高一（3）班：庄雯

摘要：本文结合《围城》原著苏文纨的出场描写，分别从三个视角对苏文纨的形象设计进行分析，同时与现实生活相照应。第一个视角是作为女性苏文纨具有的社交才能，第二个视角是作为女朋友苏文纨表现出的强势与虚荣，第三个视角是作为“商人”她的精明。本文还从具体人物入手，提出了小说中更多值得当代人反思的事情。

关键词：苏文纨　多面　真实

苏文纨从一个大家闺秀、有才华的女博士，一步步地堕落成为市侩、俗不可耐的走私小贩，其过程令人唏嘘不已。有人说她虚伪，不如单纯的唐晓芙那般令人喜欢，可我认为，也许我们在一些过于理想化的小说作品中，只适应了那些完美、伟大而单纯的人，对于苏文纨等这种“不一般”的人物，还保留追求完美的幻想，由此就产生一些批判。其实苏文纨身上更具备现实中人的特点：复杂、多面、矛盾，人物形象更加真实，更加丰富，因此从她身上，也能看到更多令我们反思的东西。

一

作为女人，苏文纨表里不一、长袖善舞、善于打交道。

《围城》的一开篇就讲苏文纨明明最不喜欢小孩子，却在听了奉承的话后说了一句与她内心截然相反的话：“让他来，我最喜欢小孩子。”她想趁着航行期间和主角方鸿渐交好，却给同舱的鲍小姐抢了先，心里是妒忌，但表面还能维持着风度，与鲍小姐说笑。多次聚会中她说话总是漂亮，让人难以挑出骨头来。方鸿渐虽然对苏文纨并无真心，却也称赞她有头脑，同她一起去饭馆戏院不失自己面子。这些都说明苏文纨是一个懂得大局、心思缜密、理智、能控制住自己的女人。“表里不一”的人在《围城》中数不胜数，并不能拿来放大到当做苏文纨的一种缺点，因为放在现实，这种行为也是极其普遍的，有时候“表里不一”是因为善意、有时候是出于利益，总之是某种对自我的保护，要具体行为具体分析。而苏文纨的“表里不一”并没有伤害他人，从某种程度上看，这是她圆滑、善于交际的表现。而这样的人比起随性直言的唐晓芙类型的人，在社会上显然更容易立足。

二

作为女朋友，她强势、细心体贴、爱慕虚荣。

等到鲍小姐这个障碍物终于下船了，苏文纨才有机会靠近方鸿渐，在不知不觉中撒下她的网，又一点点收紧。方鸿渐懦弱胆怯的性格使他不敢拒绝苏文纨的强势与示好，让苏文纨以为他已完全在自己的掌控中。她会为方鸿渐缝纽扣、洗手帕，为被羞辱的方鸿渐挽回面子，对喝醉的他嘘寒问暖，这些不可能是有着"玩弄他人"的心理能做出来的事，证明她对方鸿渐确确实实是真心的。

但她又有着虚荣的本性，使得她与唐晓芙有最大的不同。她布置了好几次聚会，从文中"她喜欢赵方二人斗法比武抢自己，但是她担心交战得太猛烈，顷刻就分胜负，二人只剩一人自己身边就不热闹了。"可以看出苏文纨有一种渴望被献殷勤的心态，喜欢从仰慕者的口中满足自己的虚荣心。而苏文纨的虚荣心又将她推离了赵、方二人："赵辛楣顿一顿，眼望远处，说：'方才我送她出门，她说她那儿还保存我许多信——那些信我全忘了，上面不知道胡写些什么——她说她下个月到重庆来，要把信带还我。可是，她又不肯把信全数还给我，她说信上有一部分的话，她现在还可以接受。她要当我的面，一封一封的检，挑她现在不能接受的信还给我。你说可笑不可笑？'"苏文纨最终走向了自欺欺人的道路。

如约翰·杜威所说："人类本质里最深远的驱策力就是：希望具有重要性。"人人都有自尊心，自尊心容易扭曲为虚荣心，容易有很强的自我表现欲，这是人性的弱点，也是钱老的《围城》中着重表现的一点。照应到现实的例子比比皆是：卖肾买 iphone、学生追求奢侈品包包、不富也讲究排场摆阔气，在饭店故意点超出分量的菜吃不完也不打包……虚荣心过盛容易让人变得华而不实、追名逐利甚至靠伤害他人来满足自己，对人对己、对社会都是一种不好的病态心理。苏文纨的“可笑”不是茶余饭后的笑谈，这种行为也许正发生在我们身边，是值得仔细思考的。

三

作为“商人”，她有底线、不让自己吃亏。

尽管苏文纨是主动追求方鸿渐的，内心深处还是觉得自己高人一等，因她强势的心，眼里自然不能允许失败，与方鸿渐关系破裂后，苏文纨直接把方鸿渐的“历史”全抖给了唐晓芙，恨她能得到方鸿渐的爱，自己却不能，于是唐晓芙也别想好过了。这其实可以理解，不是人人都能在被伤害后有大爱的思想。方鸿渐心里已经有唐晓芙，却没有拒绝苏文纨，本就是他错在先。而凭借苏文纨的家世，能对方鸿渐做出的报复选项实在太多了，而她却只是在感情方面给了伤害她的方鸿渐一个重击，可见她还是保有一份做人的底线的。

有句话说：“我们一直把人当信仰，一旦一个人变了，让我们伤心了，我们就会感到丢掉了信仰。”方鸿渐这个信仰没了，她就把爱全转化成了仇恨，人内心的狭隘被无限放大。也是真实的人的写照，不论是现在还是以前，针对“前男友”“前女友”类似泼硫酸的报复事件层出不穷，懦弱的人性一旦受到刺激就爆发出了阴暗面，丢掉了底线。我们在惊讶于事件的同时是不是应该也反思一下：一时冲动的报复究竟对自己有什么好处？莎士比亚为我们解答了："不要因为你的敌人而燃起一把怒火，热得烧伤你自己。"可见一时冲动的报复对我们自身也是没有好处的，丢掉了底线还会"引火上身"。可遇到了不平也不能忍着自己受苦，一定要在三思后选择最理性的方式对他人做回击。

苏文纨后来嫁给了"四喜丸子"曹元朗，在物质上狠狠地扳了一局，但方鸿渐并没有在意这样的结果，这也让赵辛楣对她大跌眼镜，结束了他对苏文纨的爱慕。她见到结婚后的方鸿渐时，趾高气扬的俗态和赚国难钱的理直气壮实在让人心生厌恶。

苏文纨亲手主导了自己的恋情，却落得可笑的结局，方鸿渐有一部分责任。又或许正是因为她的工于心计，方鸿渐才畏惧她，疏远她而投向单纯的唐晓芙。她为了走进方鸿渐的围城而精心策划，对走不进她围城里的赵辛楣、曹元朗而鄙夷，方鸿渐不自觉被请进苏文纨的围城却惶恐不堪，实在是"城里的人想出来，城外的人想进去"。

对于这句话的理解我很赞同这个观点："不管你选择进城还是出城，你都会后悔的。"赵辛楣、曹元朗即使真的走进了苏文纨的围城，难保对他们而言的"女神"形象变得平凡化后他们会不会后悔想出来。正如人无完人，完美的选项也不存在，选择哪个选项都有既定的缺陷，当然也有各自的优点。我们也是围城里的人，有些人在城内，有些人在城外，总有人在羡慕着别人的生活，认为"得不到的才是最好的"，却没有把握住自己已经有的，天天活在痛苦之中。而我认为，不管是在城内还是城外，我们都能通过调节自己的心理，去适应那些我们不能改变的东西，从而升华自己的精神体验。

俗话说"有人的地方就有江湖"，围城亦是如此，有社会就必然有一个大围城，人必然被困在各种围城内，必然要面对追求与退缩、苦闷与彷徨的境地。围城内的众生百态，映射着我们的现实生活，苏文纨不仅仅是一个小说里的角色，更是真实、有血有肉的、困于围城内的人类。

参考文献

[1] 约翰·杜威 . 民主与教育 [M]. 北京 ：译林出版社，2012.

[2] 李尚龙 . 莫名我就痛恨你 [M]. 北京 ：中国友谊出版社，2015.

[4] 金庸 . 笑傲江湖 [M]. 广州 ：广州出版社，2011.

[5] 钱锺书 . 围城 [M]. 北京 ：人民文学出版社，1991.

方鸿渐的悲剧

——小议《围城》主人公方鸿渐

广州市第十六中学：涂慧莹

摘要：《围城》是钱锺书所著的长篇小说，是中国现代文学史上一部风格独特的讽刺小说，被誉为“新儒林外史”。《围城》不但有李梅亭、曹元朗、高松年、周经理、范小姐等寥寥勾勒几笔却给人深刻印象的漫画式人物系列，更值得珍视的是方鸿渐和孙柔嘉这两个独特的人物。本文通过对主人公方鸿渐性格的分析，谈自己对《围城》人物的理解。

关键词：《围城》　方鸿渐　懦弱　逃避　坚持不懈

钱锺书老先生一直是我十分敬仰的人，不仅羡慕他与才女杨绛的世纪佳缘，更崇拜他扣人心弦的作品，我经常是手不释卷，与他的作品共处，就像与这样一位有味道的老学者晤面。《围城》这部被称为“新儒林外史”的杰作，更是让我不禁整夜捧读。主人公方鸿渐的悲剧更让我对当时的知识分子产生了疑问：为什么这样的人会落得如此下场？

致命的懦弱。他的懦弱使他一步一步走向“围城”。本已在北平上大学，几番转折终于在中国文学系勉强毕业。这样一个学中文的书生，却因他的懦弱听从了包办婚姻的岳父，踏上了留洋之路，更令人咋舌的是包办婚姻的未婚妻已经因病早逝。在欧洲，迫于家庭的压力，买了一张“克莱登大学”的博士文凭，“克莱登大学”正是利用国内不了解国外教育状况的弱点，趁机浑水摸鱼，筑起骗人的“围城”。正当日寇的侵略日渐深入内地之时，他怀揣着这张假文凭坐船回到了“外患内乱”的祖国。而这座骗子大学也让他陷入了事业上的“围城”。而他就因为想在情感上找个依靠，与孙柔嘉结婚。可他的懦弱仍使他是弱势的一方。他与孙柔嘉进行历次冲突之后，总是被迫回到他那个本不愿回到的家中，但他无力摆脱，就这样陷入了婚姻的“围城”。也许多一份勇气，在最初方鸿渐拒绝包办婚姻的岳父的出国请求，他也不会使得自己走向重重“围城”无法逃脱，这教育了我们懦弱很致命。在人生的道路上，我们要有自己的选择，敢于与恶势力对抗，小到拒绝考试中的作弊行为，大到抵抗强大的社会的腐败思想。不能让自己少了一份勇敢，而陷入“围城”。

逃避困难，不相信自己，少了一份坚持。在留学归来仅仅一年里，方鸿渐在上海、三闾大学和外地辗转。而这样的辗转并不是他对人生更好发展的追求，而是因为陷入了困境，求得暂时的解脱。读中文系的他绝不可能没读过“山重水复疑无路，柳暗花明又一村”吧？但他却丝毫没有付诸实践，作为中文系毕业的学生，他丝毫没有领悟到文学中提炼的人生的精髓。但要说他是个没有智慧的人也是不可的，他的小聪明可谓是填得满一大箩筐。勾引鲍小姐时他拿鲍小姐的未婚夫出气，灵机一动，他巧舌如簧地提出“信基督教的人不能做医生”的歪理邪说。为了讨好唐小姐他更是表现出他的惊人的思辨能力。他却不能善用他如此惊人的天分。假如他能在面困难时不逃避,相信自己，多一份坚持，也许他会像在勾引女人时那样的如鱼得水，谈笑风生了。人生取得大成功的人除了拥有领域上的天分，更比没能成功的人多出一分不懈的努力，多流下了一些艰辛的汗水。不逃避，不消极，不气馁，不放弃，就不会永远的失败。在学业上我总有会遇到困境时，这时只要想起方鸿渐的悲剧，身体就会不禁打个激灵，我知道我不能在此停滞不前，我不能逃避了，这样才会离目标更进一步。

读完《围城》好些日子，方鸿渐的故事仍在我脑海被不断回想起来，作家的成功也就是如此了吧，使人感叹的同时，也让人学到了久久不能忘怀的人生哲学。我成长成了一个更勇敢，更坚持不懈的人。

参考文献

[1] 钱锺书 . 围城 [M]. 北京：人民教育出版社，1991.
[2] 钱锺书 . 解读围城 [M]. 北京：京华出版社，2001.

浅谈孙柔嘉

广州市第16中学：蔡钧沛

摘要：《围城》中孙柔嘉的性格变化反差很大，本文以分析孙柔嘉的婚姻悲剧，剖析当时社会新旧文化的交织对人的性格的影响。

关键词：性格　心计　文化差异　社会

《围城》的主角方鸿渐经历了几次失败的感情经历后，与孙柔嘉“喜”结连理。孙柔嘉千方百计下，进入了方鸿渐的“围城”，但这是一切悲剧的开始。孙柔嘉以为花尽心思能得到的幸福，其实是一个婚姻悲剧。原因有以下：

一、性格差异

可能是她的性格与方鸿渐的性格大相径庭，杨绛看完《围城》曾经评论道：

孙柔嘉毫无兴趣却很有打算，方鸿渐兴趣很广却毫无打算。孙柔嘉外表就像小鸟依人的那种小女子，结了婚就跟事业有成的女强人一样，管制着自家丈夫。孙柔嘉理想中的丈夫是能干，又能保护她，但是又要听她的话的人。这些条件在方鸿渐身上一个也没有，方鸿渐玩世不恭，优游寡断。而且从书中上看到，方鸿渐应该是挺喜欢那种纯真的类型，像唐晓芙，一开始的孙柔嘉其实有唐晓芙的影子，都很天真，都被方鸿渐看似成熟的气息吸引住了。但是孙柔嘉结婚后很无理取闹，着手要把方鸿渐变成她的持线木偶，她认为，结了婚，丈夫是自己的私有财产，可以任意摆布，甚至要安排他到自己的眼线范围工作：方鸿渐辞去报社的工作后，她特意让自己的阿姨陆太太帮他谋了个职位，两人四只眼睛监视着方鸿渐。喜欢在外浪的方鸿渐会愿意丢下一切受孙柔嘉的控制吗？

二、新旧文化的交织

孙柔嘉结婚后，嫁妆的事，又起矛盾。她不能忍受方鸿渐的弟媳来侦查她的嫁妆，她也不愿意在方鸿渐家做跪拜。方鸿渐的父母和其他的儿媳都认为她不孝。但是这正是当时新思想的影响，人人都平等，婚娶仪式都提倡节约。但是，对于方鸿渐没落的士族家庭，孙柔嘉不是个好媳妇，最重要的是方鸿渐却要极力维护他们家，维护这种应该取缔的习俗。另一方面，孙柔嘉的家里重男轻女，她急切希望嫁给一个有钱有才华的男子改变自己的命运，就去努力追求幸福。她也是想得到一个在乎自己的人。孙柔嘉一开始天真，但最后却是很任性。书中有句话：娶了才发现不是原来的人。孙柔嘉就是这句话的体现。她虽受到过高等教育，但是却没有摆脱封建的礼教思想。她可以贤淑地为丈夫打点，但又要动不动就以死来要挟丈夫，想控制丈夫。虽然孙柔嘉外表是个新式女人，处处注意服装的变化，书里讲到她到了香港之后立刻观察那里的女士的服装，但是会不会有些跟风和爱慕虚荣？只是外表上更新了，但是江山易改本性难移。其实，不得不说，如果方鸿渐和苏文纨结了婚，可能也是苏文纨控制方鸿渐。苏文纨也是想尽一切办法让方鸿渐对她示爱，当知道方鸿渐喜欢唐晓芙时，苏文纨要毁掉方鸿渐，说尽他的坏事，自己得不到，唐晓芙也不能得到。苏文纨更是出国留过学，也不是回到了这个封建思想仍然盛行的社会中，更何况只受到了新文化皮毛的孙柔嘉。

三、富于心计凑合的婚姻

孙柔嘉是围城外的白日梦。她不漂亮，但也不丑，还很天真。没留过洋，但也挺有学历。方鸿渐就是被她这种小女孩的表面吸引了。方鸿渐跟她讲在游船时见到鲸鱼，她听得很有兴味。旁观者赵辛楣提醒方鸿渐："这女孩子刁滑得很！"一个大学毕业生肯定会发现方鸿渐在吹牛，而孙柔嘉却是一副天真的样子，未见过世面的样子。孙柔嘉的成功之处在于，她用"千方百计"嫁给了方鸿渐。用她的离乡之苦让方鸿渐怜爱，在去三闾大学的路上，很多不顺，她偷偷地自己哭，方鸿渐静静地听着，用她的顺从、天真让方鸿渐信服；到了三闾大学，被陆子潇穷追不舍的她去问方鸿渐如何摆脱，这样让方鸿渐误打误撞地认为他们应该在一起。在舆论下，在这浅浅的感情基础上，就这样凑合了一段婚姻，最终也会因为干旱而濒临死亡。

在《围城》中，孙柔嘉是当时女性的缩影，有幸接触到新的文化，了解到世界上先进的思想，希望从这个男权社会冲出去，希望得到关爱，重视。但是，在当时社会的大范围，腐朽的思想还是潜移默化地影响着向外迈出的步伐。这种社会氛围影响着人的性格，影响着人的观念。

读者的第二双眼

——评《围城》角色赵辛楣

2015 届高一（1）：陈嘉敏

摘要：以方鸿渐为主人公映射当代社会的小说《围城》，不仅揭示了当代人物由于性格缺失而走向困境的道理，更刻画了一个理智清醒、欲帮助主人公走出困境的人物，一个让读者细看到主人公缺点的一面镜子，一扇大开的明亮的窗——赵辛楣。

关键词：围城　赵辛楣　方鸿渐　第二双眼

《围城》，一部因经典而得以永恒的社会批判作品，当人们被问及书中的主人公是谁时，都会不约而同地想起方鸿渐。但在书中，方鸿渐的人物性格除了从种种事件中透露出来外，还被一个犀利的批判者看出、指出，方鸿渐的事情和生活被他有意无意地支使着、改变着。他，就是读者的第二双眼，赵辛楣。

赵辛楣第一次与方鸿渐见面时，就傲兀地把他从头到脚看了一遍，鸿渐“好像是页一览而尽的大字幼稚园读本”，能被赵辛楣一眼看透心思。他更发现方鸿渐难以认识到的自我性格特征，于是，自己不知不觉就充当起了方鸿渐精神世界和性格的一面镜子。

在这高高的围城之中，赵辛楣为评析方鸿渐打开了一扇窗口。当赵辛楣得知方鸿渐并非是他的“同情者”时，终于放下心理包袱，敞开心扉，能够更无忌地对方鸿渐的性格特点发表看法。在即将到达三闾大学的时候，方鸿渐问赵辛楣自己讨厌不讨厌，赵辛楣答道：“你不讨厌，可是全无用处。”赵辛楣的回答直白而精准，不客气地一针见血，让读者借用赵辛楣的目光看清楚了方鸿渐这个“多余人”。从这一点看，赵辛楣不仅仅是作为方鸿渐叙事的推动者，更是成为反映方鸿渐性格的一面镜子，以自己犀利独到的见解为读者揭剖一个人。

自赵辛楣和方鸿渐建立了深刻的友情后，赵辛楣不仅仅是为了解剖方鸿渐而存在，更是为他的思想存在。赵辛楣像个忠实可靠的长者一样，时时刻刻提醒着方鸿渐。在去上三闾大学的在轮船上，赵辛楣就警告方鸿渐别因孙柔嘉看起来天真可爱就可以信以为真，存有一念温柔，事实上她就像一条张大口等方鸿渐跳进去的鲸鱼。方鸿渐刚开始并不相信，认定赵辛楣评论孙小姐的话完全是痴人说梦话。但赵辛楣的话在下文中得到了印证，方鸿渐确是因“一念温柔”一步步走向了他不幸的婚姻，赵辛楣的警告也没能阻挡他跳进深渊。赵辛楣不仅是方鸿渐犀利可靠的长者，也是当代社会大众犀利的批判者。方鸿渐与孙柔嘉路经香港，与赵辛楣会面时，两人已经订婚，赵辛楣却又在谈话中有意无意提醒：“我不是跟你讲过，孙小姐这个人很深心么？你们这一次，照我第三者看起来，她真是煞费苦心。”方鸿渐意识深处沉睡的思想一下就让辛楣这句话给惊醒。这种主人公心灵最具震撼的点拨就是赵辛楣这个配角对主人公所施予的深刻有力的地方。方鸿渐与孙柔嘉斗嘴时，方鸿渐之所以说出孙柔嘉千方百计想嫁给他这样的话，便是因赵辛楣的点拨对方鸿渐心灵深处发生了作用。

赵辛楣豁达而讲义气，痴情又明事理，他不失为一个好兄弟、好情人，但在小说中，他有一个更重要的使命，就是做一个陪伴、揭露主人公方鸿渐的人生和性格的导师，来反衬出当代乃可能至现代人物的特征。可以说，赵辛楣的存在为这部灰色基调的小说填上了一丝亮色。

4.《诗经》

曾经沧海难为水

——读《诗经》有感

广州市第十六中学　高一（2）班：梁凯淇

读书，很简单。一本书、一把椅子足矣。

读《诗经》很安心。书中的一字一句，如浪潮般涌入我的心海，冲洗心中的浮躁，带给我一方净土。

曾经沧海难为水，除却巫山不是云。

《诗经》带给我的是意料之外的成长，是藕断丝连的感动。读《诗经》，我发现了内心追求的幸福……

小时候，我还懵懂。读《诗经》最爱的便是那轻松快乐的青春恋歌。“郎骑竹马来，绕床弄青梅”的真挚也让我不禁喜欢。“关关雎鸠，在河之洲。窈窕淑女，君子好逑。”看那啁啾鸣和的水鸟相互依偎，君子渴望那明媚美丽的少女。每每看到这儿，我的心中升起一股莫名的窃喜与羡慕——如果我也能变得如此出色而美丽，坚强又勤劳，是不是也能在长大后遇到一段美丽的追求与恋爱呢？爱情是那么的简单而又淳朴啊，喜欢了便是喜欢了，想要永远在一起，想要这份爱永不更改——永远保持在追求时的浓烈、快乐。继续往下读，又有《静女》朴实的爱一点点融化我的心房："静女其姝，俟我于城隅。爱而不见，搔首踟蹰。静女其娈，贻我彤管。彤管有炜，说怿女美。"妙龄少女与心上人的相处历历在目：春深时刻，翠绿的爬山虎在古老的城墙上蔓延，几束艳丽的野花在隐蔽的角落骄傲盛放，少女娇美的脸蛋布上一抹红晕，像那清晨的朝雾般影影绰绰，她的眼中闪着流动的光芒，就像朝阳照耀在城边的小河上时水面的粼粼波光，在那深处是自身也没有发觉的期盼之花，与这季节一同幽幽绽放；这时，俊秀的少年如约而至，却没看见那漂亮的心上人，着急地徘徊不止，原来是顽皮的少女躲起来了，用那灵动的眼睛看心上人少有的慌乱呢！一阵风吹来，两人的发丝也都被轻轻拂起，阳光撒入这幽静的一角，少女嘴角幸福而甜蜜的微笑，牵挂于少年的缠绵视线与少年那不见爱人的紧张之情，像一幅最美的油画，定格在《诗经》中，留给后人的，是千年这对年经恋人青涩、真诚和淳朴的爱。少年与少女之间的相知与相恋，就如初春时第一滴朝露，纯净而难能可贵；纯洁的初恋，是千年来人们心中最特殊的回忆。青涩的我，在似是而非的年华，初次觉醒了对爱情的想象，只是不知我的"吉士"在何方，我又能否成为那"如玉"女子。

长大些，再读《诗经》，我又喜欢上另一种类型的诗——那情深意切，思念无垠的诗。有如《草虫》中的"喓喓草虫，趯趯阜螽。未见君子，忧心忡忡。亦既见止。亦既觏止，我心则降。"有如《殷其雷》中的"殷其雷，在南山之下。何斯违斯？莫敢遑处。振振君子，归哉归哉！"有如《终风》中的"曀曀其阴，虺虺其雷，寤言不寐，愿言则怀。"还有很多很多的诗，无不是用那浓烈的感情打动了我的心。喜欢《子衿》中那深邃的思念。“青青子衿，悠悠我心。纵我不往，子宁不嗣音？青青子佩，悠悠我思。纵我不往，子宁不来？挑兮达兮，在城阙兮。一日不见，如三月兮。”念着这句话，我如同到达了那个夏风微凉的夜晚，站在杨柳树下，看那温柔敏感的女子在城楼上忧思沉沉，在皎洁的月光下，在漫天的星辰下，她向着夜色的深处道出对心上人的思念——为什么我不来找你，你就不传音讯给我，也不来找我呢？夜将尽，四处无人，她的问题不会得到解答，她思念的人仍在远方。清新简洁的笔触，却绘出了一个女子热恋中的甜苦掺杂。细密的感情在星空下，城楼上流动着，流到了我的心中。我也喜欢《雄雉》,那是与《子衿》截然不同的一首诗,若说《子衿》如叶，秀丽而生机勃勃，那《雄雉》便是那苍茫的大漠，辽远空寂，心中的感情也被它撕扯开，变得空荡、失落，然后又有无限的哀思衍生。闭上眼，想想那广阔的画面，唇角不禁紧抿：消瘦的女子独自一人走出外城，站在枯树下，默默远眺澄澈蓝天的远方，这时，一只强壮的雄雉在她面前呼啸而过，强壮的翅膀划破长空，一只禽鸟如此鸣叫着越飞越近，女子瞳孔紧缩，泛黄的回忆与此刻重合——自己的丈夫也是这样，头也不回坚定地向前走着，渐行渐远，留给自己的只是随时间流逝而趋于模糊的一个背影，悲伤之情无以言表。

那时的我，大概是正值所谓的“中二期”吧，喜欢用那些悲伤的爱情，苦涩的爱情来自我伤害，越痛越好，仿佛能够把她们的伤分走。那时的我相信情深不寿，相信至死不渝的爱情与不变的思念与等待…

再长大些,读《诗经》读得更多了,想到的也更多了。我开始认真地看《诗经》中关于背叛与舍弃的诗，不是为了自我伤害，而是想要认识了解这个世界，还有爱情的重要性及保质期。《诗经》三百零五篇，关于这种类型的诗也不少。

如《江有汜》《柏舟》《日月》《谷风》《氓》等。其中，我最爱的是《氓》。

读《氓》，便像是读了一位女子的一生。年轻时貌美如花，家世良好，家底不浅，聪明机敏，肯定不乏追求者。但她却在那个憨厚小子的追求下，丢了心。她变得多愁善感，在寒凉的夜晚跑到惨淡破旧的城墙上，远望男子居住的地方，为其哭为其笑，把一生都交于这场门不当户不对的爱情上。淇水见证了她稚嫩爱情的萌芽、成长。后来，她终是嫁给了那个氓。出嫁那天，鸡鸣刚过，天明未至，新娘便穿上新嫁服，头披红纱，口含朱丹，十指纤纤白嫩如玉，肤若凝脂白皙透亮，怀着忐忑的心情迈出了向着新人生的一步。那一天，锣鼓喧天，那一天，她告别故乡，走向那个丈夫的家。黎明时至，阳光撒落在嫁车上，车上的布蔓因浸水而变得别样的深红，淇水清澈，闪闪发光——一如新娘对未来的期盼。淇水见证了爱情的结果。后来，女子并没有获得幸福，贫穷、繁重的家务、丈夫的变心，无一不给这个被岁月刻下印记的女子沉重的打击。最后，女子坚强又决绝地来到淇水河旁，这条见证了她爱情的河旁，发出“放下、忘记”的感叹。终于，爱情之花凋零了。

看完后，我感触很深。爱情其实很脆弱，在时间的流逝下，它会渐渐蒙尘，然后消失。爱情不是永恒的，男人也不是不可靠的，生作女人当自立、自强——我恍然大悟。

现在读《诗经》，我获得了释然——为何我要纠结于爱情呢？正如《击鼓》中那撼人心肺的那几句话：“死生契阔，与子成说，执子之手，与子偕老。”“执子之手，与子偕老”，这是多么美好的誓言，无论此生生死聚散，都会握紧你的手，与你白头共老。正是因为这是一份朴实而无华丽词辞修饰的真挚告白，才让千年来无数人敢于面对迷茫的婚姻与将来，还有说出这句话的伴侣，我仍记得老师上课时给我们说的："容颜易老，女孩子要记住，爱情在时间的淬炼下变成亲情才是最重要的。"是的，女人的容颜是那么容易凋零，红颜白骨，而爱情又是那么的缥缈，作为一个女性，在品尝了轰轰烈烈的爱情后，最渴望拥有的，便是虽不浓烈但也足够淳厚，细水长流直到天荒地老的幸福了吧？我依旧是个爱幻想的女孩，但我已不再纠结于爱情，因为我终是明白了，曾经再轰动的爱，让它留存下来的最好的方法是使其变成最平淡的相伴。那一份温暖或许不够炙热，却如繁星一样，是我们面对将来最好的守护、最安全的港湾。

曾经沧海难为水，除却巫山不是云。

读完《诗经》，我终于从仅有对爱情的甜蜜抱有幻想的小公主成长为愿意去追寻隐藏"爱情"一词下平淡幸福的少女。

想想佛经中提到，人生有八苦：生、老、病、死、爱别离，怨憎会，求不得，五取蕴。可若得一有缘人相伴，上穷碧落下黄泉，又有何惧？

曾经沧海难为水，除却巫山不是云。

读《诗经》，使处于本应去追求爱情年纪的我，注视真正的幸福，注视真正的爱。年少时，我认为爱是占有；长大了，我明白爱是宽恕，是包容，是信赖。不用害怕爱会消失，时间铭刻了曾经最美好的光阴。

我喜欢读《诗经》，它教会了我什么是爱，怎样去爱。每一首诗都是一个故事，而我则随着这一个个故事而获得成长。

读《诗经》，观三千世界，感人生百味，听风声鸟语。可知：一花一世界，一木一浮生，一草一天堂，一叶一如来，一砂一极乐，一方一净土，一笑一尘缘，一念一清静？

感恩，只因有你伴我成长——《诗经》。

最美不过《诗经》

广州市第十六中学　高一（2）班：彭小斐

刚开始听到《诗经》的名字时，我的心中只想：又是背来考试的古诗吧！但高中开学后，我在语文君武课课堂上第一次真正认识了《诗经》，了解了《诗经》，领略到《诗经》的美。

《诗经》的美是清新的美。

“蒹葭苍苍，白露为霜。所谓伊人，在水一方”，初生芦苇微微泛青，白色露水凝结为霜，我的心上人，立于水的另一方。字里行间对“伊人”是无尽的思念。“桃之夭夭，灼灼其华。之子于归，宜其室家”，桃树含苞满枝头，花开灿烂如红霞，这位姑娘要出嫁，定能使家庭和顺。美丽缤纷的花景通过八个字就描绘出来，营造了一种喜悦的气氛，让人读来心情愉快。“呦呦鹿鸣，食野之苹。我有嘉宾，鼓瑟吹笙”，野鹿呦呦叫着同伴，在野外食艾蒿，我有许多好的宾客，鼓瑟吹笙邀请他。野鹿的动态景色为整首诗增添了意境和趣味，美得清新自然。

《诗经》的人有脱俗的美。

“手如柔荑，肤如凝脂，脸如蝤蛴，齿如弧犀，螓首蛾眉，巧笑倩兮，美目盼兮。”手指如嫩荑般纤细，皮肤如凝脂般白皙，脖颈像蝤蛴，皓齿如弧籽，额头方正眉弯细。微微一笑露出酒窝，美丽的双眼波光流转。仅用六个短句，就将一位美丽脱俗、明艳动人的女子貌样描绘出来，读其诗如见其人，让人不禁浮想女子的美貌。“月出皎兮，佼人僚兮，舒窈纠兮，劳心悄兮！”月亮出现在天空中，洁白光明，璀璨无比，而月下的女子美貌动人，身姿窈窕步态轻盈，让我思念不已。运用起兴，以月光的皎洁美丽衬出女子的美貌动人，体态轻妙，清丽得带出仙气一般，远离世俗沾染。

《诗经》的情是动人的美。

“燕燕于飞，差池其羽。之子于归，远送于野。瞻望弗及，泣涕如雨”，燕子双飞，前后相随，妹妹要出嫁了，我一送再送。抬首远望已看不见她，我泪如雨下。这句同样运用比兴，把妹妹比作燕子，将亲情温暖与不舍表现在泪中，使人感动。“求之不得，寤寐思服。悠哉悠哉，辗转反侧。”想追求心上人却无法成功，我在梦中反反复复地思念她，辗转反侧，难以入眠。诗句通过男子的焦虑的动作体现出对心上人的爱慕和渴望，表达出男子对心上人用情之深。“青青子衿，悠悠我心。纵我不往，子宁不嗣音？青青子佩，悠悠我思。纵我不往，子宁不来？挑兮达兮，在城阙兮。一日不见，如三月兮。”青青的是他的衣服和玉佩，让我心思神往。我不前往，难道你就不来看我了吗？这首诗是《诗经》中我最喜欢的一首，优美的句子描写出一位女子日日夜夜想见到心上人，又因心上人迟迟不出现而失落、徘徊，“一日不见，如三月兮”更是将恋人之间的思念表现得淋漓尽致。

轻轻的语气，缓缓的句调，淡淡的文字，静静的美好……《诗经》没有宏伟的气势，没有华丽的辞藻，甚至连每一首诗的作者都不得而知，但这部中国史上的第一部诗歌总集却能在时光变迁中流传下来，正是因为它触碰着古今几千年来中国人的心底最深处，那里蕴含着中华文化中最真挚最纯粹的美好与爱。

经过君武课程的学习，《诗经》对我而言不再只是一本诗歌合集，这部经典让我明白，原来文字可以很美，古诗可以很美，语文可以很美，生活可以很美。

春水初生，春林初盛，春风十里，不如《诗经》。

最美不过诗经

广州市第十六中学 高一（1）班：任思婷

柔软的阳光自窗外涌入，轻柔地漫过桌角上的《诗经》。翻开《诗经》，优雅唯美的诗句犹如千年不谢的艳红桃花般紧紧吸引住了我的视线。

低吟浅唱之间，跨越千年时光的哀婉在心头流转。“生死契阔，与子成说，执子之手，与子偕老”，出征在外的男子思及年少时许下的诺言，不觉黯然神伤，而远在天涯的心上人，是否仍在翘首以待，静候他的归来？

当悠扬缠绵的歌曲《在水一方》响起时，日光熹微，你踏着精致的绣花鞋在清晨氤氲的白雾中穿行，蒹葭茂盛青翠欲滴，你的一举一动皆吸引着身后男子的视线，“蒹葭苍苍，白露为霜，所谓伊人，在水一方”，不知那痴情凝望的男子，是否凭借真诚打动了你的心？

而当关关的雎鸠声响起时，采摘荇菜的姑娘裙裾飞扬，令无意中看见这一幕的少年心驰神往。那朦胧而含蓄的情意随着荇菜左右摇摆，随着河水悠悠流动。“求之不得，寤寐思服，悠哉悠哉，辗转反侧”，不知那执着的少年，能否和少女终成眷属?

《诗经》里的诗句纯朴而自然，诗经里的爱情真挚而动人。爱是至死不渝的等候，是对心中理想的执着追求。

《诗经》歌颂了美好的爱情。“投我以木瓜，报之以琼琚。匪报也，永以为好也”，表现了古时男女自由恋爱的美好，男子女子互换定情信物的率真之情。

《诗经》也批判了始乱终弃的行为。“信誓旦旦，不思其反，反是不思，亦已焉哉”，女子哀怨决绝的痛苦扑面而来，表达了女子对青葱岁月的留恋和对丈夫变心的哀伤。

《诗经》凝望了多少前人的喜怒哀乐，凝固了多少美好的情感。这些美好的情感就如同傲雪寒梅般在浊世的风霜中屹立不倒，如夜空明星般照亮后人前方的路。

最美不过诗经

广州市第十六中学　高一（1）班：吴芷荥

夫佳诗不必尽皆征实，自鸣天籁，一片好音，犹足令人低回无限。若实而按之，兴会索然矣。

云起，沙落，遥听禅钟暮鼓；拨纸，染墨，一笔飞天独舞。浩瀚夜空下几度繁华，古道上苍茫了旋律的悠扬，是《诗经》伫立在战火纷飞的春秋时期，在落日断垣的悲壮中留下人间最真挚的情感。纵使世间有再多的尔虞我诈，在《诗经》中，我们都可以寻觅最纯朴的自我。它是人间百态的写照，在最纯净的天空中独舞，等待着后世的探寻。《诗经》之美，是美人容颜之美，更是其神态之美。

“手如柔荑，肤如凝脂，领如蝤蛴，齿如瓠犀，螓首蛾眉，巧笑倩兮，美目盼兮。”庄姜绝世美人的形象展现在我们的面前。“手如柔荑”云云，犹是以物比物，未见其神。至于“巧笑倩兮，美目盼兮”，则传神写照，千载而下，犹如亲其笑貌，可谓离形得似着矣。只可意会不可言传，是美人在书本上荡漾，拈花笑坐，浮于眼前，遗世而独立，让人在古典庄雅中体味回眸一笑百媚生的优雅与妩媚。美自心灵而生，是那一刹那的灼热却淳厚而久留于心。

"月出皎兮，佼人僚兮。"静谧的夜，明月高悬，月光如水，清幽的月色牵动着人的情思。这是一个迷离缥缈的境界，爱慕的姑娘行走于朦胧的月光下，那俊美的容颜，轻盈的身材映照在清辉中，更显得婀娜多姿，体态万千，美丽动人。但姑娘却如同天上的月亮一样，可望而不可即，这是一种朦胧之美，别样的笼罩在每个人的心头，盖巫山洛水之滥觞。

《诗经》为后世的诗词注入了灵源的同时，它本身更是一种纯朴的美文典范，不加任何华丽的辞藻却留有最精髓，最令人回味无穷的部分。是它所营造出来的意境，"宜言饮酒，与子偕老。琴瑟在御，莫不静好"。最平凡的生活场景却能绽放出最浓烈的美，是感情的碰撞。

千年浮屠塔上，情之一字难书，人所区分于其他生物的，正是人们能将复杂情绪形诸文字渲染读者。《诗经》新婚，《葛覃》归宁，《女曰鸡鸣》相夫以成内助之贤无不讲述了人世间纯美而平凡的情感。

最美不过《诗经》，是心灵之美，意境之美，情感之美。

5.《楚辞》

读《楚辞》有感

广州市第十六中学　高一（1）班：刘慧婷

透过书本上那文字，拨开那遮住历史的时间迷雾，我望见你，一身素色兰草香服，微仰头，眼神带着忧伤，眺望你的故乡，怀着诗人的理想纵身一跃，消失在汨罗江水之中……

屈原，我想对你说：品读你的文章，其中优美的语言，丰富的想象，渗透着神话传说塑造的各种鲜明形象，抒自己丰富情感。我深刻体会到，你热爱你的国家子民，文字间有民歌的影子，内容上处处为民担忧，象征中对楚王昏庸对小人抒无奈痛恨之情……你对国家深沉的爱，我不及你的百分之一。

你在汨罗江水边定徘徊许久。你离不开你的子民百姓，但楚王的昏庸、国家的灭亡之痛折磨着你，那世态炎凉无可奈何的愤懑，你定难以抒怀，才会投入冷冽的江水之中，与国家共存亡，对政治理想的坚持让你走向死亡。现在的我，仰慕你敬佩你，你怀有多大的勇气啊！

但屈原，我还想对你说，你与国家共存亡的壮举令我敬佩，可同时让我惋惜。

国虽亡，但百姓仍在，没有了国家的百姓难道就凭空消失了吗？被秦王并起的国家里面百姓更等着你维护他们啊！你有满满的才华远大的抱负，你所深爱的国家由千万子民组成，国虽不在，但你为何不愿放下心中执念，不再守着昏庸的楚王，转而去造福更多无辜可爱的百姓呢？这多令人惋惜啊！

屈原，是你开创了中国浪漫主义诗歌，你在其中抒发对土地人民的挚爱忠心，留给后人是经典。你是文坛上不朽的脊梁，你为中华文化贡献之大，请你不要再伤感，你的国家虽亡，但你已尽力拯救，你虽救不了国家，但早已成为百姓中的英雄，你的文章代代相传，受后人赞颂，为后世作出极巨大贡献……

屈原，我与你的文字有了一场邂逅，穿越千年历史，你带给我的撼动影响着我，你高洁的情操，坚守正确之道让我自愧不如。我做不到如你为国而亡那般伟大，但我也可以与你一样，一心报效国家，有着对国家诚挚的热爱。

读《楚辞》有感

广州市第十六中学　高一（1）班：罗名骏

王，一国之主也，主国、主民。王强则国盛，王庸则国衰。

历史皆以此为规律。夏商之亡乃因桀纣之暴，西周之灭乃因幽王之庸。以此观之，何不以史为鉴，明理正身、清君之侧、振兴楚国，岂不美哉？

臣，有忠奸之分。屈原正直如青竹，心纯如兰茝。其心之所向乃楚民也。吾向闻原之数谏，谏之以治国之道。然子兰曰："治国劳形，何不对酒当歌、寻欢作乐乎？"又数谏曰："大夫间国事甚多，恐有他谋。"便将屈原逐于国门之外，真可谓信谗言而不分忠奸。春秋五霸，皆因亲贤臣而远小人而霸春秋；周幽齐湣，却因沉迷取乐、亲近佞臣而衰败。奸如子兰者岂能有屈子之见乎？诚如鼠目之辈岂能及鹰雕所见邪？

仲尼向有一言，言乎其实，曰："小人难养也。"怀王宠其于身旁却不知其皆为贰臣贼子也，皆为楚秦之臣。秦灭楚，夫子兰郑袖便如丧家犬般溜须拍马，竞相周容于秦，上辱家国下丧自尊，何异于卖祖卖家卖国？屈原愤恨，乃恨怀王之不听忠谏反信佞言，致楚之灭亡。

吾愿劝怀王受谏，正所谓“良药苦口利于病，忠言逆耳利于行”也，忠谏虽不悦耳，然楚国之疾，切不可讳疾忌医也。亲贤臣远小人，重振楚国，岂不美哉？

6. 寂静的春天

不要让“寂静的春天”再次降临

广州市第十六中学　任思婷

摘要：《寂静的春天》是标志着人类首次关注环境问题的著作，书中揭示了滥用杀虫剂对自然的危害性，也强调了环境保护的重要性。本文通过过去与现在环境问题的对比，分析60年后再读《寂静的春天》的必要性。

关键词：《寂静的春天》、环境、生态、DDT（一种杀虫剂，已被禁用）

作为环保运动的里程碑而被公认是二十世纪最具影响力的书籍之一，《寂静的春天》的出现曾引起过轩然大波。“人类正在毁灭于自己热爱的事物”卡森曾这样警示人们。尽管历经波折，但卡森的作品最终还是得到了人们的重视。然而，60年后的今天，我们是否还有必要读这本《寂静的春天》呢？

事实证明这是有必要的。时至今日，世界早已禁止DDT的使用，但环境问题依然像一个无法根绝的毒瘤般顽强生长着，且有愈演愈烈的趋势。况且，《寂静的春天》虽然阻止了人类继续使用DDT，但若是人们不引以为戒、时刻警醒，那么DDT的滥用将只是一个开始。

一、DDT——过去的危害

DDT是如此的危险，过去我们曾深受其害。它犹如一只潜伏在黑暗中的恶魔，悄悄躲在生物体内，等待着收割性命的时机。

尽管DDT的杀伤力如此巨大，但由于过去许多人都与DDT有过亲密接触，于是它在那时的人们心中便留下了“无害”的印象。那时人们甚至把它用做最常用的广谱杀虫剂。没有意识到危险的人们宣称：DDT预示了一个没有蚊子的世界！

但实际上，DDT的危害远比看上去的恐怖，它能从猎物体内通过进食传到捕猎者体内，一层一层地顺着食物链传递，使动物的夭折率大大增加，一些生物甚至因此面临绝种的危险。而与此同时，新的化学品正源源不断地从实验室流入这个世界，而且杀伤力不断增强。正如阿伯特·斯切维泽所说：“人们恰恰很难辨认自己创造出的魔鬼。”

禁用DDT后，疟疾肆虐，数千万人直接或间接因此死亡，世界卫生组织只好发表声明，允许非洲国家重新使用DDT防止疟疾流行，但这只是特殊的情况，它并不能说明DDT的危害有了分毫的减少。我们还清楚地记得它曾经造成的恶果。因此，我们不能忽视那段历史，不能忽视DDT造成的危害，更不能对DDT放松警惕。

二、环境——现今的问题

现在环境问题依旧严峻。尽管当年卡森用文字控诉了人类破坏自然的举动，但直到今天，全世界的环境问题不但没有改善，反而有变本加厉的趋势。

20世纪末，全球有100多万种生物被灭绝。人类所造成的物种灭绝的速度比历史上任何时候都快，比如鸟类和哺乳动物现在的灭绝速度可能是它们在未受干扰的自然界中的100倍至1000倍。这是多么触目惊心的数字！60年前，DDT的滥用导致数不尽的生物死亡，而如今即使没有了DDT，生物的灭绝速度依然不减当年。人为捕杀和生态环境破坏是造成生物锐减的主要原因。其中，生态环境破坏比人为捕杀造成的后果更为严重，而生态环境被破坏却是由人类一手造成的！随着环境污染的加剧，生态系统各个层次的结构、功能和动态受到影响，进而导致生态系统退化，生物多样性减少。

似乎在60年后，人们又忘记了环境的重要性。利益总会伺机蒙蔽人们的双眼，但这小小的利益，却会给世界带来不可挽回的伤害。这时候若是人们再一次阅读《寂静的春天》，是否能想起人们曾经为保护环境而付出的努力呢？

三、警醒——卡森的呐喊

《寂静的春天》每时每刻都在警醒着我们。卡森直击人心的呐喊让我们意识到保护环境就是保护自己。过去人们总是认为自己可以征服、控制大自然，然而到现在为止，一切都证明了卡森的观点——人类无法脱离自然，更无法征服自然。

尽管DDT已经在众人的视线中消失已久了，但环境问题依然存在。每逢看见《寂静的春天》这本书，它总会唤起我们对当年生灵涂炭的记忆。当我们忘记那成千上万条无力地挣扎着被水流卷走的鱼儿时；当我们忘记那不计其数的小鸟从高空中坠入尘埃时，《寂静的春天》又将伴随着卡森的呐喊再一次出现，让人们忆起60年前人们经历过的一切，让人们意识到危机从来都没有消失。

当年，美国总统杰米·卡特授予她“总统自由奖”，奖章上的题字是：“……她创造出了一股已不退落环境意识的潮流。”卡森1963年在国会作证时，当时参议院也曾准确回应一个世纪前的话说：“卡森小姐，您就是启始这一切的女士。”这一切无疑已经说明了《寂静的春天》在当时发挥着无可替代的重要作用。在今天也一样，也许终有一天人们会忘记那段残酷的历史，但它永远不会。

《寂静的春天》永远不会过时，因为它的意义不仅在于告诉人们DDT的危害，更在于告诉人们保护环境的重要性，它不会随着时间的推移而失去影响力。毕竟，“寂静的春天”随时都有可能再次降临。

参考文献

[1] 陈才．“寂静的春天”离我们并不遥远 [N]. 中国青年报，2014-04-22：2.

[2] 孙重人．寂静，春天里的呐喊 [J]. 品报，2015，3（13）：29-29.

[3] 魏陈杨．卡森的春天不寂静 [J]. 环球人物，2015（07）：90-90.

[4] 杜奇呆．寂静的春天——DDT的故事 [Z]. 新浪博客，2009，3（28）.

7. 诗词

古词中的匠心独具

广州市第十六中学　高二（9）班：徐奕晖

古词人总拥有一颗玲珑剔透的匠心。他们会选取生活中的点点滴滴，运用让人啧啧称奇的写作手法，肆意地在脑海中挥毫，在思想中驰骋，在本心中泼墨，创造出一个又一个别具一格的诗词世界。描写可谓是诗词中最常见的一种表达方式,所以在这方面十分出彩的诗词也不少。下面从唐圭璋先生的著作《唐宋词简释》中选出的五首词，分别从不同的层次进行了描写，领略其风韵。

一、《一斛珠》李煜：佳人之口送芬芳——对红唇的描写细致入微

李后主整日流连于后宫妃嫔之间，早已对那一张张丰盈饱满的樱桃小嘴观察得细致入微，加之他的文笔，便成就了这一首《一斛珠》。

“向人微露丁香颗”写出了美人红唇轻启、贝齿微露的仪态，优雅从容；“一曲清歌，暂引樱桃破”将美人引歌比作“樱桃破”，既写出嘴唇的形态，又写出唇色的艳丽，像樱桃一般秀色可餐；“烂嚼红茸，笑向檀郎唾”虽然没有直接描写嘴唇，但是通过“烂嚼”“笑”“唾”这几个动词的描绘，读者眼前仿佛就出现了一个可爱顽皮的美人正在向李后主撒娇，故意往他身上唾红茸，李后主也不恼，而是眼含笑意、含情脉脉地看着这位美人的场景，两人嬉笑打闹、无比恩爱。

这首词描写得十分详细，两人没有身份顾忌的玩闹也使这位美人受到李后主的宠爱表露无遗。

二、《菩萨蛮》李煜：周后之娇惹人怜——动作描写的描写之妙

李煜笔下的小周后是娇俏妩媚的。

这一点从《菩萨蛮》这首词就可以看出来了。这首词描绘的是小周后与李煜在月下幽会的情景；“花明月暗笼轻雾”描绘了半夜的宫中场景，给下文增添了悄然而又十分欣喜、迫不及待想要见面的气氛；“刬袜步香阶，手提金缕鞋”，描绘了小周后为了不发出声音特意脱掉鞋子，蹑手蹑脚地往与自己心上人约定的地点小跑而去的情景；“画堂南畔见，一晌偎人颤”，小周后的心情是多么激动，以至于在心上人的怀抱中微微颤抖的情态的描写，实在叫人怜爱。

这首词的动作描写可圈可点，既体现出幽会的隐秘性，又体现出女子的欲迎还拒的娇羞，兼顾两种元素构造了一幅洋溢着爱意的月下幽会图。

三、《西溪子》牛峤：琵琶之美传百年——与《琵琶行》的比较

与《琵琶行》重叙事不同的是，《西溪子》这首词重描写，相同的是两者都渲染了一种哀怨悲伤的情感色彩。《琵琶行》运用了较大的篇幅阐述了琵琶女和我的遭遇，两人因此而情感共鸣，产生同病相怜的感情；《西溪子》的描写由悍拨琵琶声、琵琶女之美向作者心声过渡，哀声更哀人。

《西溪子》中的描写如“捍拨双盘金凤，蝉鬓玉钗摇动”，通过描写弹奏琵琶时乐器和演奏者的动态侧面描绘了弹奏到激昂之处的场景，更是与“人不语，弦解语”一样，体现琵琶女将情感倾注入演奏的专注、内心的哀伤，使后文的哀怨气息发挥得淋漓尽致。“翠蛾愁，不抬头”这一句是一个长镜头，把目光定格在了琵琶女结束演奏后可能因悲伤而流泪，不愿让观众看到自己的泪水而不抬头这一个画面中，使整词的哀伤色彩更为浓厚。

这首词开头两句描写最为惊艳，开头与结尾形成极鲜明的对比，一动一静，隽永了受琵琶音感染的悲伤。

四、《天香》王沂孙：龙涎之香引人醉——对事物的特殊描写方面

这首词的选材十分特殊，选用了一种香料——龙涎香来进行描写。作者并没有描写香料的味道，而是开篇通过一个神话故事“孤峤蟠烟，层涛蜕月，骊官夜采铅水”点出龙涎香的产地，然后分别介绍了香的制作过程、被制作出来

的形状与焚香时的情景；下阙就抒发了作者在熏香时的回忆。

作者其实是借龙涎香怀念自己的故国，“化作断魂心字”的“断魂”不仅断了作者的故国梦，也断了前朝的魂。这是无法回到过去的一种无力感，唯有自己与自己的一些知己记得“他”的存在，但又无法重塑“他”的存在，作者的怨恨就如同熏香时烟雾牵引出的香气一般，迂回缭绕，无法散去，自己对于“他”的念想也烟消云散了。

这首词并没有十分贴近事物本身来写，只是蜻蜓点水般写了它的产地、作法、形状，紧接着就是衍生出来的回忆，但是这样就可以用更多篇幅来描写作者自己的思想，更表达出自己对于亡国的痛心。

五、《卜算子》李之仪：长江之水勾情思——简单勾勒写出浓情厚谊

这首词只有短短三行，虽然简单，但是其抒发的情感极为真挚和厚重。

开篇“我住长江头，君住长江尾”十个字简单叙述了主人公与思念之人相隔之远；“日日思君不见君，共饮长江水”写相思之人却不能相见，但如果共饮长江水就似乎可以通过这一条长江将你我的心连接起来，极言其思念之深。“此水何时休,此恨何时已。只愿君心似我心,定不负相思意”是作者“流水不尽，我思不止；君心似我，不负相思”的誓言，朴实但是庄重，令人感受到了作者情感的真诚。

这些简单的描写，却让我认为这首词的描写层次比前面几首词更胜一筹。前面的词可以说是用描写为抒发的情感润色，而这首词是通过情感升华描写，

更让人体会文字的绵长悠远和相思之人相思之意如红线一般，虽然纤细，虽然只是松松地系在两人的尾指上，但是仍是坚韧地维系在一起，没有断开。时间、距离、位置将两人分离开来，红线会收紧，勒进手指中，十指连心，于是分开的两人会心痛，因此就会想念彼此。没有说出来的话，都在词句的间隙中透露出来了。

无论是清歌还是艳词，这些词句都深入人心，使人感受到这些词中作者所传达的真心实意。这些匠心独具的篇章是不会被丢弃的，它们将会随着时间的进程，传给更多想要了解它们奥秘的人们。

白衣卿相偏是才子词人

——论《唐宋词简释》中柳永的词与仕

广州市越秀区第十六中学　李欣然

摘要：柳永（约 984—1053 年）建崇安人，北宋著名词人，婉约派代表人物，原名三变，字景庄，后改名柳永，字耆卿，因排行第七，又称柳七。柳永的仕途坎坷，词途却在烟柳街坊间大放异彩。正因如此，使得风花雪月与沉沦两个词语在柳永身上得到了有机的结合。柳永是因为不得中进士才会放浪形骸终其一生的。他说："未遂风云便，争不恣狂荡。"（《鹤冲天·黄金榜上》）而仁宗说："且去浅斟低唱，何要浮名。"（《能改斋漫录》卷十六）柳永风流，仁宗才不让他中进士。双方都有一定的理由，逼迫柳永接受这一事实的正是柳永自身，可以说这正是造就柳永悲剧命运的根源。而柳永终身对此的艰苦抗争，与他在仕途上郁郁不得志的悲愤，又反作用于他的词上，造就了其在北宋词坛上的巨匠形象。

关键词：柳永、词的俗化、创新

作为北宋第一个专心作词的词人，柳永是北宋一大词家，在词史上有重要地位。他扩大了词境，佳作极多，他不仅开拓了词的题材内容，以雅转俗，而且写作了大量的慢词，发展了铺叙手法，促进了词的通俗化、口语化，在词史上产生了较大的影响。

柳永词作流传极广，有云“凡有井水饮处，皆能歌柳词”（南宋叶梦得《避暑录话》）。他的许多篇章用凄婉的曲调唱出了少部分落魄文人在盛世背后作为官僚阶级领导的主流文化之牺牲者的痛苦，可见柳永的文意是有代表性的。可惜的是柳永的文品。在一个文化社会特别是北宋这样的，对文品的看重可能更甚于对人品的看重。因为文辞是显示自己的社会形象的主要方式，所以文品并不仅是文风问题，而是有关文化品格的问题。“理趣追求是宋诗的一个基本审美特征，也是宋诗有别于唐诗的特征之一。宋诗理趣特征的形成，与宋代特定的政治文化背景以及宋人尚理的审美追求密切相关。宋代是一个充满理性的时代。这一方面是由于当时的现实政治状况的影响，同时更是宋代文化思想影响所致。宋代文化思想的基本特征是儒、佛、道三家合流，这种‘三教合一’的时代哲学思维特点，必然深刻地影响。”

北宋其他文人虽然在行为上也有风流的特征，如苏轼，欧阳修等，但他们在文辞方面还是处处谨慎。他们严于诗词之分，让诗歌保持气象端庄。在北宋主流文化中，诗是自己的名片，是自己的代名词；而情感享受类的、不那么冠冕的内容则交给词来处理，算是私下之作，是不便于摆到台面上的。在形式上对言情爱情类的作品保持低调，讲究主客的分别。一个社会的文化可以分为雅俗两面，但总要显示出以雅为首的主流和以俗为辅的支流，这种社会分工不容动摇。而柳永正缺乏这种角色意识，他的率真执着注定了他与他的作品与主流文化的格格不入，注定以词为代表作的他在仕途上的坎坷潦倒，注定了柳永终究在北宋的“端正”文化中被主流冲刷而去。

柳永仕途坎坷。“黄金榜上，偶失龙头望。明代暂遗贤，如何向？未遂风云便，争不恣狂荡！何须论得丧，才子词人，自是白衣卿相！　烟花巷陌，依约丹青屏障。幸有意中人，堪寻访。且恁偎红依翠，风流事，平生畅。青春都一饷，忍把浮名，换了浅斟低唱！”（《鹤冲天·黄金榜上》）

此词为柳永初次落第后所作。出语狂放，坦陈应试不中、功名蹭蹬的心理，多含辛酸、牢骚、愤激之意。“忍把浮名，换浅斟低唱”之语，乃失意后自傲之言，未必真能轻视科第、不屑求名者。从这首词表面上看，柳永对功名利禄不无鄙视，很有叛逆精神。其实这只是失望之后的牢骚话，骨子里还是忘不了功名，正如他在一次落第后写下的《如鱼水》中一方面说“浮名利，拟拚休。是非莫挂心头”，另一方面却又自我安慰说“富贵岂由人，时会高志须酬”。因此不久，就重整旗鼓，再战科场。

柳家世代做官。柳永少年时在家乡勤学苦读，希望能传承家业，官至公卿。学成之后，他就到汴京应试，准备大展宏图，在政治上一试身手。但他一到光怪陆离的京城，就被京城金醉纸迷的光影吸引，把考取功名承接祖辈之业完全抛在了脑后，日日夜夜沉浸灯红酒绿，与青楼歌妓亲密，而且还把他自己的风流生活写进词里。仁宗初年的再试，考试成绩本已过关，但由于《鹤冲天》词传到禁中，仁宗大怒。等到临轩放榜之际，仁宗以《鹤冲天》词为口实，说柳永政治上不合格，就把他给黜落了，并批示：“且去浅斟低唱，何要浮名？”

再度的失败，柳永真的有些愤怒了，他干脆自称“奉旨填词柳三变”，从此无所顾忌地纵游妓馆酒楼之间，致力于民间新声和词的艺术创作。官场上的不幸，反倒成全了才子词人柳永，使他的艺术天赋在词的创作领域得到充分的发挥。当时教坊乐工和歌姬每得新腔新调，都请求柳永为之填词，然后才能传世，得到听众的认同。柳永创作的新声曲子词，有很多是跟教坊乐工、歌妓合作的结果。柳永心目中的妓女，与世俗的目光迥异，在柳永眼中，她们天真纯洁，有着高尚的品质甚至傲骨。柳永将她们视为知己，看重的是精神上的相知与平等。自古以来，封建礼制推崇“女子无才便是德”，而歌妓却是自小熟知音律，能歌善舞，故而文人墨客与歌妓更能达到心灵上的沟通。寻常女子大多不懂诗词，但柳永身边的歌妓一定与之是惺惺相惜的。而柳永笔下的歌妓也有着对美丽爱情的追求，如《迷仙引》：“才过笄年，初绾云鬟，便学歌舞。席上尊前，王孙随分相许。算等闲，酬一笑，便千金慵觑。常只恐，容易蕣华偷换，光阴虚度。已受君恩顾，好与花为主。万里丹霄，何妨携手同归去。永弃却，烟花伴侣。免教人见妾，朝云暮雨。”这首词反映了女主人公愿意追随爱情，一心“从良”的愿望。由此可见一斑，当时的妓女并非都是爱慕荣华富贵的，她们之中，也有出淤泥而不染，内心纯澈的。

全词通过一位民间歌妓对自己所信任的男子的表述，表现了她对自己生活的向往和追求，同时表现了女主人公较为高尚的品格，轻视千金而要求人们的尊重和理解，深切地反映了歌妓痛苦的精神生活和迫切的从良愿望。另外还有《采莲令》《少年游》《木兰花》等，也属柳永反映歌妓舞女乐工等下层人民生活向往和追求的词。

柳永的仕途屡遭排贬，因此进入四处漂泊的“浮生”。在漂泊中，他有抒写天涯漂泊、羁旅行投、离愁别恨、思妇闺怨的。如《八声甘州》：

对潇潇暮雨洒江天，一番洗清秋。渐霜风凄紧，关河冷落，残照当楼。是处红衰翠减，苒苒物华休。惟有长江水，无语东流。 不忍登高临远，望故乡渺邈，归思难收。叹年来踪迹，何事苦淹留。想佳人、妆楼颙望，误几回，天际识归舟。争知我、倚阑干处，正恁凝愁。

这首词写登楼临秋，抒思乡怀人之情。词的上片写秋景，描绘了一幅广阔、肃杀、冷清的秋日晚景图；词的下片抒情，写乡思、悔恨，最终归结一个“愁”字，表现了游历他乡之人的羁旅之情。此类作品还有《戚氏》《曲玉管》《婆罗门令》《夜半乐》。

又如他的代表作品《雨霖铃》：

寒蝉凄切，对长亭晚，骤雨初歇。都门帐饮无绪，留恋处、兰舟催发。执手相看泪眼，竟无语凝噎。念去去，千里烟波，暮霭沉沉楚天阔。 多情自古伤离别，更那堪、冷落清秋节！今宵酒醒何处？杨柳岸，晓风残月。此去经年，应是良辰好景虚设。便纵有千种风情，更与何人说？

此为别离之作，写恋人离京远旅，临行时于江边依依惜别之情，委婉凄恻。词的开头三句点明时间、地点、景物、离别时的背景描写，情调使人黯然神伤。“帐饮无绪”本已悲苦至极，正留恋时却又兰舟催发，真是痛割肌肤离别之苦。“执手相看泪眼，竟无语凝噎”，是爱情别离的表现，情感由此推向了高潮。往日的恩恩爱爱，今日别离后的孤独与凄凉，都凝结于此了。词的肺腑之言，足见情深似海，以致他“衣带渐宽终不悔，为伊消得人憔悴”（语出《风楼梧》其二）。

柳永晚年穷愁潦倒，死时一贫如洗，谢玉英，陈师师一班名妓念他的才学和痴情，凑钱替其安葬。出殡时，东京满城名妓都来了，半城缟素，一片哀声。谢玉英为他披麻戴重孝，两月后因痛思柳永而去世。死后亦无亲族祭奠，每年清明节，歌妓都相约赴其坟地祭扫，并相沿成习，称之“吊柳七”或“吊柳会”，亦称为“群妓合金葬柳七”。

柳永肯定无意要成为某一文化的领袖人物，但歌妓百姓公开的赞扬，皇帝官员正面的拒斥，从正反两个方面确定了柳永的词人形象。这就使他不得不接受自己的社会角色。

这是柳永被迫接受的文化角色。

出身官宦世家，却迷恋情场，又对仕途念念不忘。他想做一个文人雅士，却永远摆脱不掉对俗世生活和感情的眷恋和依赖；而醉梦烟柳时，他却“不分时候”地挂念自己的功名。柳永是矛盾的，他的矛盾既源于他本人，又源于他所生活的社会。他是仕途的失意者，他无暇去关注人的永恒普遍的生命忧患，而是侧重于对自我命运、生存苦闷的深思、体验和对真正爱情的向往与追求，执着于对功名利禄、官能享受的渴望与追求，抒发自己怀才不遇，命运艰舛的痛苦。因此他只能做着拖着一条世俗尾巴的自封的“白衣卿相”（引自百度百科）。

好在，历史最终还给了柳永一个公正的评价，词自晚唐以来，以清切婉丽为宗，至柳永一变，如诗家之有白居易，至苏轼又一变，如诗家之有韩愈，遂开南宋辛弃疾等一派。“词至柳永为一变”是柳永词作魅力之根本所在。这一“变”，首先是题材内容上的变化，开拓了词的领域，引进了新的题材；其次是艺术形式、艺术风格的开拓创新，长调的大量创作，语言上的通俗晓畅，铺叙和白描的手法，通俗化、自我化的审美情趣等，使柳永词不管是内容上，还是形式上都具有了独特的艺术魅力和艺术风格，从而赢得了人们的喜爱，流传千古。“凡有井水处即能歌柳词”便是世俗对柳永的褒奖。

面对着这个荒谬的世界，柳永以荒诞的方式，表达着自己的抗议，显示着自己的存在，并选择了忠于自己的内心，一直写下去。

绝代才子，薄命君王

——浅谈《唐宋词简释》中最敏感真切的词人李煜

广州市第十六中学　赵珏娴

摘要：通过分析南唐后主李煜的两个截然不同却又不相矛盾的身份，解读何为清朝学者郭麐所言的“作个才子真绝代，可怜薄命作君王”。从其“君王”的身份来看，李煜注定就只能是一个悲剧；但从其“词人”的身份来看，李煜绚烂至极，才华横溢。

关键词：李煜　君王　词人

引　言

李煜（937 年—978 年），南唐中主李璟第六子，初名从嘉，字重光，号钟隐、莲峰居士，是南唐最后一位国君。其父李璟死后，李煜阴差阳错地接下了帝王的位置，接下了原本在其父手上就已经浑浑噩噩的南唐。从此，李煜开始了他的帝王生活。十四年后，他短暂又不出彩的帝王经历结束——南唐灭亡。其后，李煜被俘虏到北宋京师，一下子从万人之上的天之骄子成为一个“亡国”的阶下囚。第二年的七夕，李煜在悲恨交加中喝下放了“牵机药”的寿酒，结束了他仅四十二年的人生，死后被赠为太师，追封吴王，葬洛阳北邙山。寥寥几字介绍可说不清李煜，且看下文两个角度如何分析。

一、从其“君王”的身份来看，李煜注定就只能是一个悲剧

他在登上皇帝位置前，早已习惯了吟风弄月，现实又如何会让丝毫未受过政治训练的一个君王统治好一个国家？况且，“他是皇帝”这个位置已经是事实了，他就算还想沉溺在茫茫经籍中，也该醒过来了。于是他咬咬牙，想着既然当了这个国家的皇帝，那就将它复兴吧。可是，复兴一个快要倒下的国家真的不是只要说说就行。对此，李煜采取了一系列政治、经济、军事的措施：他爱民如子，虽即位时国库空虚，但他不像其他帝王一样压迫民众、增加民众负担，而是与民生息；针对土地兼并日益严重的问题，他想要完成一系列恢复井田制的改革，却遭到官僚地主的抵制和反对，农民大多也觉不便，改革于是不了了之；他在表面上臣服宋朝，暗中缮甲募兵之余，还实施了积极的外交手段；他也有良好的军事战略能力，不仅牵制了宋太祖的军事力量，导致宋军攻破金陵花费一年之久，差点让宋太祖动摇……

不仅如此，据徐铉的《大宋右千牛卫上将军追封吴王陇西公墓志铭并序》中所写：“本以恻隐之性，仍好乾竺之教。草木不杀，禽鱼咸遂。赏人之善，常若不及；掩人之过，惟恐其闻。以至法不胜奸，威不克爱。以厌兵之俗当用

武之世，孔明罕应变之略，不成近功；偃王躬仁义之行，终于亡国。”这大概意思就是说李煜信佛，有着极浓的恻隐之心。但是从历史上的君王来看，又有几个君王有像李煜这样的多愁善感？秦皇汉武，唐宗宋祖，哪一个没有拥有极浓的杀伐之气和威严？这样的“多愁善感”恐怕不适合一个将要统治天下的帝王吧！

现在很多人都说，李煜就是南唐亡国的“罪魁祸首”。其实不然。引言也提到，在李煜接手南唐时，南唐本身已经摇摇欲坠，改朝换代的潮流愈来愈汹涌。面临着这样那样的困难，李煜维持政权达 15 年之久，虽短但不易。而且后来在他被俘京师的日子中始终时时不忘故国，心系故土，词中永远怀着的是亡国之痛和对昔日故国的思念、追忆。

由此可以看出，李煜作为一个君王，他并非完全像毛泽东评价他的那样“虽多才多艺，但不抓政治，终究亡国”，他是想过复兴，想过人间疾苦，但是奈何当时日渐衰微的南唐国力和自己的政治能力，他还是选择了将琴棋书画美人作为自己精神的寄托，这是一种梦、一种毒药，也是他的本性，不仅让他在这里面日益消沉、享乐，也蒙蔽了他和他的南唐的所处的岌岌可危之境，使他忘了自己作为一个君王身上所承担的，使他看不到即将要到来的黑暗。直白来说，李煜就是个不合格的君王，是一个“错位”君王。对此，明代诗人陈继儒也曾感叹：“天何不使后主现文士身，而必委以天子，位不配才，殊为恨恨。”

二、从其“词人”的身份来看，李煜绚烂至极，才华横溢。这也是拜他的人生经历所赐

李煜在位 15 年，仅作 35 首阕词，在唐圭璋先生所选释的《唐宋词简释》

中，篇幅竟占19首，篇幅量位居书中第一，可见李煜词在茫茫唐宋词中的分量之重。其中，李煜词又分为南唐亡国前和亡国后两个时期，每个时期词的特点又不尽相同，就像我们所学李清照词一样。词风是会随着个人人生经历的变化而变化的。

中国著名学者王国维曾说："词至李后主而眼界始大，感慨遂深，遂变伶工之词而为士大夫之词。词人者，不失其赤子之心者也。故生于深宫之中，长于妇人之手，是后主为人君所短处，亦即为词人所长处。主观之诗人，不必多阅世，阅世愈浅，则性情愈真，李后主是也。"李煜在宫中出生，在宫中生活、长大，所见到的人和事当然也以宫中为主，决定了其前期词，即亡国前词的特点——糜烂奢华、绮丽繁盛、描写直白精细。《一斛珠》中"杯深旋被香醪涴，绣床斜凭娇无那"，"微露""罗袖"写佳人服饰动作声音笑貌。《浣溪沙》中"金炉""红锦地衣随步皱""酒恶时拈花蕊嗅，别殿遥闻箫鼓奏"则写的是宫中歌舞盛况和宫中生活的糜烂。《玉楼春》中"晚妆初了明肌雪，春殿嫔娥鱼贯列"写嫔娥之美之众；《菩萨蛮》中"划袜步香阶，手提金缕鞋"甚至描写李煜自己与小周后幽会，其大胆率真让人惊叹，也写出了少女的步履轻盈，让人读词如处此景。前期词李煜多写宫中繁荣之景和男女之间情爱之事，辞藻华丽，感情真挚，充满了真性情，也赞美了亲情、友情、爱情，但是也侧面表现出李煜已经不务政事，一心陶醉于他的词和无尽的温柔乡之中，为南唐灭亡埋下伏笔。

后期词，即亡国后词的特点——沉郁、哀怨、愁苦。后期南唐已经灭亡或即将灭亡，李煜作为一国之君，昔日繁华、享乐之景之事已经离他远去，引言中也提到他从万人之上的天之骄子成为一个"亡国的"阶下囚，心理落差和现实落差之大，让他无法忍受。他被俘京师，国家没了，享乐没了，亦不想求死，他所剩下的也就只能回忆昔日、思考现况了，正如《清平乐》中“触目愁肠断”“离恨恰如烟草，更行更远还生”；《乌夜啼》中“烛残漏断频欹枕，起坐不能平”;《望江南》中“多少恨,昨夜梦魂中”“心事莫将和泪说,风笙休向泪时吹”；《破阵子》中的“挥泪对宫娥”；家喻户晓的《相见欢》中“剪不断理还乱，是离愁”；《虞美人》中“故国不堪回首月明中”；还是绝笔《浪淘沙》中“流水落花春去也”。李煜后期词中常常可见到“愁”“恨”“泪”等字眼，正是他无处可泄的亡国之悲、之恨、之苦！又如《破阵子》中“四十年来家国，三千里地山河”；《子夜歌》中“往事已成空，还如一梦中”；《虞美人》中的“依旧竹声新月似当年”；《浪淘沙》中“梦里不知身是客”，除了亡国之悲，他还不断追忆旧事，追思故国之盛，今昔对比，令人痛惜、悔恨。他仿佛是个不怕被虐待的人，被俘虏在他乡却不停一遍一遍追忆着昔日繁华，更是在原有痛苦中又添了一层凄凉。

由于人生的突然转变，李煜尝到了血与泪的味道，也正是这种血与泪的凝结，使得其词风随之而变，在前期词精美描写的基础上，加入了自己深刻的思考，抒发内心本无处可泄的愁苦、无奈、悲愤，所以比起前期词更加具有深度和思想，也正是在后期，李煜的词达到了顶峰，在唐宋词中抹上了浓墨重彩的一笔。所以这就是我在前面为什么说“他的绚烂至极、才华横溢都是拜他的人生经历所赐”了。

结束语

在我看来，李煜在历史上众多君王中，是最不出彩的也是最为出彩的那一个。这并不矛盾。他作为一个后人口中的“亡国昏君”，是最不出彩的；但他在亡国之后用感情所凝结出的词，却传唱至今，其中的离愁别恨至今仍不忍卒读，依旧令人怆然泪下，他，是最出彩的那一个。叶嘉莹先生曾评价说：“李后主的词是他对生活的敏锐而真切的体验，无论是享乐的欢愉，还是悲哀的痛苦，他都全身心的投入其间。我们有的人活过一生，既没有好好的体会过快乐，也没有好好的体验过悲哀，因为他从来没有以全部的心灵感情投注入某一件事，这是人生的遗憾。”

“作个才子真绝代，可怜薄命作君王”。若是李煜没有这种“错位”，那么会有流传千古的词句吗？会有如此扣人心弦的词句吗？没有人会知道答案。历史也不会再重来。

8. 古文

读《史记》，论英雄

广州市第十六中学　高二（9）班：谭宝鑫

《史记》是西汉时期著名历史学家、文学家司马迁所著，记载了上起传说中的轩辕时代下至汉武帝大初年间，共三千多年的历史变迁。它几乎囊括了各个历史时期社会活动的全部内容，既是对先秦文化的重要总结，也是后人了解西汉社会政治经济生活的第一手资料，堪称“史家之绝唱，无韵之离骚。”读中国历史，不能不读《史记》。

本纪作为《史记》的总纲，是各朝代的编年大事记，其中，“项羽本纪”这篇文章使我感悟极为深刻，项羽自幼天赋异禀，天生神力，继承叔父项梁楚层三户，亡秦秦父楚之遗志最终诛灭暴秦，称霸天下，究竟是什么会他落得垓下大围，四面楚歌，霸王别姬，乌江自刎的惨剧实在耐人寻味。其实项羽是一个百年难遇的兵家奇才，巨鹿之战，破釜沉舟，威震天下。在刘邦率各路诸侯联军攻占首都彭陈时，项羽率精战部队连夜回援，出其不意，攻其不备，以3万大军大破刘邦五十万联军，彭陈之战也因此成为历史上著名的以少胜多的战役。由此可见项羽的军事才能十分卓越，若论攻城略地，行军打仗，当时也只有韩信能与项羽一决雄雌。然而项羽最终却败给了刘邦，我认为原因主要有三点：一是不懂政治，不善权谋。项羽在政治上与刘邦比起来就像一个顽童，白痴一样。他不懂得得民心者得天下，不懂得收买人心，相反坑杀二十万秦军俘虏，杀死已投降的秦王子婴，火烧阿房宫却充分地将自己残暴的一面展现给了天下人，把随手可得的民心拱手让给了刘邦。秦以巴蜀、汉中为跳板，驻守关中而得天下，而项羽却放弃关中回到楚国，还把有坐拥天下之野心的刘邦分封到巴蜀、汉中，使刘邦取关中易如反掌，在战略上又败给刘邦，这都是他缺乏政治远见的表现。二是优柔寡断，当断不断。鸿门宴上下不了决心杀刘邦从而错失了大好时机。眼看就要剿灭齐国叛乱，却顾及已经失守的彭城而犹犹豫豫，最终竞弃一鼓作气的大好战机转而回援，虽然解了彭陈之围却又使得田荣卷土重来，得不偿失。三是疑心太重，不善用人。刘邦有萧何稳定后方，供应粮草，有张良出谋划策，统筹全局，有韩信攻城拔寨、领军作战。项羽只有一个亚父范增，却又不肯采纳他的意见，项羽只重用项伯，顶庄，虞子期这些自己家的人，而削夺了钟离味、季布、龙且等大将的兵权，对外人的不信任终导致了内部的不团结。

《史记》的“世家”记述了各封国王侯、开国功臣和有重要影响的人物，司马迁看重陈涉功业，不以成败论英雄，故而将他的事迹列入世家之中，陈胜本是“翁牖绳枢之子，氓隶之人”，却心存鸿鹄之志，开史上农民起义之先河，揭天下亡秦大业之序幕，确实值得称颂。但令我感触深刻的是陈胜的败亡！

我认为陈胜败亡的原因有三：一是陈胜建立政权时机不对。他没有准确分析天下百姓当时的真实需要，秦灭六国而施以暴政，六国百姓无不希望复国报仇。而六国中实力最强，灭亡最冤的当属楚国，如果陈胜能先恢复楚国，必然大业可成，但他没有。陈胜以张大楚国为名号建立了“张楚”政权起兵反秦，正所谓名不正而言不顺，“张楚”不是“楚”，而是一个新的政权，原先楚国的残余力量以及楚国的老百姓就不可能追随并拥戴陈胜。二是陈胜不该称王。陈胜大泽乡起义能得到天下人响应是因为“天下苦秦久矣”，人民因暴秦早有反意，大泽乡起义不过就是个导火索，大家的目的就是推翻暴秦，而暴秦尚未灭亡，陈胜却先称王，建立了属于自己的政权，让别人称自己“陈王”。陈胜在起义反秦的同时野心开始膨胀，原先的正义之举逐渐变成了为自己谋取功名、寻利益、抢地盘、夺天下的不义之举，谁又能确定陈胜取得天下后不会成为第二个暴秦呢！由此失去民心。项氏一族终能成事，就在于吸取了陈胜的教训，拥立了怀王，恢复了楚国。三是称王后的陈胜功利之心不断滋长。怀疑起义将领吴广等人威胁自己的位置，致使起义军内部产生裂痕，分奔离隙，终给了秦军以各个击破的可乘之机。吴广之死究竟是不是陈胜所为至今仍是个谜，而陈胜自也被叛徒所杀，死于非命，也是可悲可叹！。

作为“二十四史第一书”，《史记》规模宏大，体制完备，是一部“究天下之际，通古今之变，成一家之言”的伟大著作。研读《史记》除了可以丰富自己的史学知识，更主要的是以史为镜，探寻社会发展与国家兴亡的规律、经验和教训，寻找人生道路的坐标。

风萧萧兮易水寒 虞兮虞兮奈若何

——论《中国历代传记精选读本》中经典场景对人物刻画作用

广州市第十六中学 陈奥轩

摘要：通过对中国古代人物传记中几个经典场面的分析，深入探讨特定场景对人物性格刻画的作用。分析案例包括：易水送别，秦王宫智斗秦王，垓下悲歌。如果说是荆轲、蔺相如和项羽这几个历史人物成就了这个场景，不如说是这几个经典的场面成就了他们。

关键词：场景 人物 刻画

古今中外，只要一提到某些经典场景，人们总会想起场景中一些特定的人物。在国外文学中，只要一提到特洛伊城下的木马，人们很容易想到阿伽门农这个盖世英雄；只要一提到诸神的黄昏中的世界树，奥丁和洛基的影子就会在人们脑海里浮现；只要一说到罗密欧与朱丽叶的阳台，这一对绝世恋人的形象便会出现在人们心中。其实不仅国外文学中经典场景与人物交相辉映，在我国古代文学中也有很多例子。在《中国历代传记精选读本》中我们不难发现，很多人物与经典场景存在着一一对应的关系，只要一提到此人物，读者脑海中很快就会呈现出一些经典的场景，同样，只要描绘一些经典的场景，场景中经典人物形象就会树立起来。本论文选取了《中国历代传记精选读本》中几个经典的场景与人物进行分析，包括荆轲与易水送别，蔺相如和秦王宫智斗秦王以及项羽的垓下悲歌。

一、经典场景与人物刻画交相辉映——易水送别

“风萧萧兮易水寒”，相信只要提到这句话，每个人都会想起荆轲刺秦王的故事。荆轲这个人物，已经和他在易水与太子丹高渐离相别的场景，同时刻在所有人的心里。

“太子及宾客知其事者，皆白衣冠以送之。至易水上，既祖，取道。高渐离击筑，荆轲和而歌，为变徵之声，士皆垂泪涕泣。又前而为歌曰：‘风萧萧兮易水寒，壮士一去兮不复还！’复为慷慨羽声，士皆瞋目，发尽上指冠。于是荆轲遂就车而去，终已不顾。”

这段话具有强烈的画面感，描写手法有听觉描写，如“荆轲和而歌”、“高渐离击筑”，有侧面描写，如“士皆垂泪涕泣”、“士皆瞋目，发尽上指冠”，还有主人公的语言描写，“风萧萧兮易水寒，壮士一去兮不复还”，这些要素，构成了一个庞大而又悲壮的场面。首先从送别之人数至多来看，“皆白衣冠以送

之”，说明太子和宾客们穿上白衣，“白”一般都有送别的意思，太子和宾客一行人郑重地穿上了白衣，为荆轲送别，可见荆轲此行之悲壮。其次，从背景来看，作者选用高渐离的筑声作为背景音乐，雄浑有力，听者无不感到振奋，也让人感到荆轲此行带着必胜的信心。再次，送别军士的神态动作描写，把荆轲的形象衬托得更加高大伟岸。在场的所有人，无不被荆轲的精神所感染，“瞋目”“怒发冲冠”等都是受气氛影响所产生的举动。

在易水送别中，整个氛围都是慷慨激昂而又悲愤的，然而这一切的制造者，就是传主荆轲。第一是他的个人精神，他不畏强暴，慷慨就义，感动了身边的人，第二是他慷慨悲歌“风萧萧兮易水寒，壮士一去兮不复还”，这短短两句，把荆轲的无畏勇敢表现得淋漓尽致。他的歌声荡气回肠，成为易水上的千古绝唱。

纵观整个易水送别，场面描写的作用十分明显，一方面渲染了悲壮气氛，另一方面对荆轲的人物性格刻画起到重要的作用，还有易水的悲情氛围为荆轲的悲剧结局做了铺垫。无论是易水之于荆轲，还是荆轲之于易水，两者难舍难分，相辅相成。易水作为荆轲的一部分载入史册，而荆轲也作为易水的精神象征流传千古。人物与场景存在明显的平行关系，不分主次，交相辉映，共同造就了中国文学史上的一幕经典。

二、经典场景对主人公形象的突出——秦王宫智斗秦王

千古名相蔺相如不畏强权，爱国忠君的形象已经成为中华民族的一种精神

力量。这个形象的竖立，与他在秦王面前以死相逼，最后破坏秦王的阴谋，让和氏璧完璧归赵的故事密不可分。

故事的前因并不复杂，无非是一个强国对弱国的欺辱，但凭借蔺相如一人之力，使形势天翻地覆，其中最能体现蔺相如智勇的莫过于秦王宫里的场景。

“相如视秦王无意偿赵城，乃前曰：‘璧有瑕，请指示王。’王授璧，相如因持璧却立，倚柱，怒发上冲冠。”这一段对蔺相如的动作描写，把他的勇表现得淋漓尽致。不过他的勇并不是愚勇。他明知的秦王奸诈，于是使出一计。“相如度秦王虽斋，决负约不偿城，乃使其从者衣褐，怀其璧，从径道亡，归璧于赵。”秦王发现后怒不可遏，召见蔺相如，然而蔺相如临危不惧，巧舌如簧。“相如至，谓秦王曰：‘秦自缪公以来二十馀君，未尝有坚明约束者也。臣诚恐见欺于王而负赵，故令人持璧归，间至赵矣。且秦强而赵弱，大王遣一介之使至赵，赵立奉璧来。今以秦之强而先割十五都予赵，赵岂敢留璧而得罪于大王乎？臣知欺大王之罪当诛，臣请就汤镬，唯大王与群臣孰计议之。’秦王与群臣相视而嘻。”让秦王的阴谋落空。

这一个场景节奏紧迫，情节跌宕起伏。场景中人物众多，有奸诈狡猾的秦王，又软弱的赵王，有恃强凌弱的群臣。但刻画最成功的还是蔺相如。场景中成功从多方面刻画蔺相如这个典型的儒将。有勇有谋，爱国忠君成为蔺相如这个人物的写照。与其他人物的群像有鲜明的对比。秦王的奸诈衬托出他的才智，赵王的软弱衬托出他的勇气，而群臣的欺软怕硬也反衬出蔺相如的大义凛然，无所畏惧。在这个例子中，人物是主要的，而场景起到了衬托的作用，次要的人物以及场景中的所营造的氛围都属于背景板，都是为了突出蔺相如的智勇，这样的例子数不胜数，不仅中国古代文学运用了这样的方法，在国外文学中也有应用，比如在《浮士德》里，最后一幕中山谷里面的众多人物，如天使们，他们的存在都是为了衬托浮士德的悲剧性格，在结束全文的同时更是升华了主题，使浮士德的悲剧更为深入人心，也让浮士德这个人物形象更为饱满。大多数场景的作用也在于此，即突出一个主要的人物，让人物形象特征更为鲜明，使人物从一众群像之中脱颖而出成为传世经典。

三、经典场景对人物形象的补充——垓下悲歌

“如今思项羽，不肯过江东。”这句诗出自李清照的《夏日绝句》。本诗中诗人通过“歌颂项羽的悲壮之举来讽刺南宋当权者不思进取、苟且偷生的无耻行径”。诗中提到一个地名，那就是江东，众所周知，项羽因为霸业未成，自觉无颜面对江东父老，在乌江边自刎。

西楚霸王的形象早已刻在每个国人心中。“羽之神勇，千古无二”。“万军包围，四面楚歌也打不倒这个铁骨铮铮的汉子。战场上的纵横吟啸，面对伊人却柔情刻骨，像项羽这样的英雄，当之无愧的受后人敬仰。”如果说他铁血的形象来自于连年的英勇善战，那么他柔情的形象与垓下悲歌密不可分。

“项王军壁垓下，兵少食尽，汉军及诸侯兵围之数重。夜闻汉军四面皆楚歌，项王乃大惊曰：‘汉皆已得楚乎？是何楚人之多也！’项王则夜起，饮帐中。有美人名虞，常幸从；骏马名骓，常骑之。于是项王乃悲歌慷慨，自为诗曰：‘力拔山兮气盖世，时不利兮骓不逝。骓不逝兮可奈何，虞兮虞兮奈若何！’歌数阕，美人和之。项王泣数行下，左右皆泣，莫能仰视。”

这个垓下悲歌场面的描写十分成功，它主要由三个要素构成，一是背景，二是项羽的《垓下歌》，三是虞姬和项羽的互动。

第一点是背景。这段话描写的是“韩信诈败成功将楚军围在垓下，项羽残部退回垓下营垒，项羽兵少粮尽，自知大势已去。一天深夜，汉军营中传来阵阵楚歌，楚军将士认为楚地都被汉军占领，军心涣散，许多人趁夜开了小差，或投降汉军。”面对这样的情景，西楚霸王明知大势已去，不过他是英雄，仍要和敌人决一死战。在此之前，该如何安排好自己心爱的虞姬，这叫展现了项羽柔情的一面了。

第二点写的是《垓下歌》。“力拔山兮气盖世，时不利兮骓不逝。骓不逝兮可奈何，虞兮虞兮奈若何！”，“作者写到项羽自白三次天之亡我，表现他对失败的不服气，他唱垓下歌，流露的是与妻子永别前的无可奈何的心情”。

第三点是虞姬与项羽的互动。“歌数阕，美人和之。项王泣数行下，左右皆泣，莫能仰视。”短短数十字，一唱一和，表达的是霸王夫妇伉俪情深，而这一幕霸王别姬，也成为中国古代文学的经典一幕。

这几个要素构成了垓下悲歌的场面，而对项羽性格的表现则远远不止上述几点。“不曾流泪的西楚霸王，唱出的不仅是个人在命运面前无可奈何的悲哀，也包含了连自己心爱之人都无法保护的悲哀，这里流出的不仅是一位伟大英雄犯了错误之后悲哀的眼泪，也是一个英雄对最终失败忏悔和惭愧的眼泪。”作者司马迁利用这一段垓下悲歌，极大地丰富了项羽的人物性格，让世人了解到铁汉中也有柔情的一面。可见经典场景对人物多样的性格的刻画作用。

四、结论

综上所述，经典的场景对人物性格的刻画有重要的作用，一共有三方面。一是经典场景与人物相辅相成，互相融合，从易水送别与荆轲的关系中可以看出。二是场景可以让人物从众人中脱颖而出，树立出经典的形象，如完璧归赵的故事中蔺相如的儒将形象的树立。三是场景可以刻画多样的人物性格，不拘泥于读者对人物固有的认识，这个结论由垓下悲歌对项羽柔情形象的塑造可以得出。古代的经典场景描写的方法一直被运用到现在，后世许多文学作品都运用了这样的方法。比如四大名著中就有很多类似场景：《三国演义》中华容道上的曹操；《红楼梦》中大观园里的刘姥姥；《水浒传》中聚义堂里的宋江；《西游记》中东海龙宫内的孙悟空。可见场景对人物刻画有重要的作用。

读古文观止，论贬官文化

高二 2 班：卢文康

人生几何，譬如朝露。短短几十载，古人通过严格的科举制度，能谋个一官半职，已是万幸。而贬官去往生命堪忧的南蛮之地，可想而知对人的打击有多大了。古代中国，宦海沉浮，稍不留意，就要受到贬谪。在数不清的遭贬人员之中，常有饱读诗书之人。贬官失宠，悲剧意识随之而来。接下来，文章有了，诗词也有了。过些时候，或过了一个朝代，时过境迁，天子觉得此人不错，拨乱反正，恢复名誉，于是受贬官员人品文品双全，传之史册，通之后人。又因他们在受贬期间亲近过山水亭阁，足迹所到之处，便成了遗迹，这些文化便形成了贬官文化。

1046 年，范仲淹因倡导变革被贬，恰逢谪守岳阳友人腾子京重修了岳阳楼，便邀其写一篇楼记。落寞之人，情感百转，看浩瀚洞庭，想人生荣辱，因之胸襟大了，洞庭湖小了。文章开头即写，巴陵洞庭，衔远山，吞长江，浩浩荡荡……而后又写洞庭，北通巫峡，南极潇湘……长烟一空，皓月千里……岳阳楼之大观被范仲淹写得淋漓尽致。先是景观被写入文章，再是文章化作了景观。为“先天下之忧而忧，后天下之乐而乐”之句感动，后人便在楼内将其文章以巨幅木刻列于岳阳楼中堂。由此，人、楼声誉日大。

公元 815 年，被贬永州十年的柳宗元被一纸诏书召回长安。他按捺不住喜悦，急急赶去。从永州至长安，他经过了汨罗江，屈原的形貌在自己的心中立即交叠了起来。他随口吟道：南来不做楚臣悲 / 重入修门自有期 / 为报春风汨罗道 / 莫将波浪枉明时。柳宗元有意无意地写成了“楚臣”，提到了屈原。同是汨罗江畔，当年被贬的屈原悲悲戚戚，而此时柳宗元喜气洋洋，心态相仿，心境不同。然而，柳宗元到达长安，兜头一盆冷水，面南而坐的皇帝，御笔一划，他又被贬到了更为边远的柳州。诗经曰：“普天之下，莫非王土，率土之滨，莫非王臣”，柳宗元此时可说是万般无奈了。

柳宗元抑郁南回，与被贬广东连州的刘禹锡同路。分手之际，柳宗元嘴角笑容一绽，随即吟出：“十年憔悴到秦京，谁料翻为岭南行。”而后，他进入了当时被原始野林笼罩着，潮湿蒸郁，暗无天日，人烟稀少，瘴疫猖獗之地，并利用他的贬谪官职种树、办学、修寺庙。由此，那荒凉之地，不再寂寞。柳宗元晚年所做之事，都按一个正直文人的心意，并不受限于各种政治规范。做了又以笔墨加以阐释，因而成了一种特殊文化。时间提升了柳宗元的魅力。他死后，重蹈他覆辙的贬官在南下途中，也会因他而重新检点自己的行止，探问自己存在的意义。由此，柳宗元的文化意识和文化人格进一步上升。

司马迁在《报任安书》中说，盖西伯拘而演《周易》，仲尼厄而作《春秋》，屈原放逐乃赋《离骚》……准确地说，贬官文化应是社会洪波中的一点波光，正是因为皇帝们的御批，才有了这些贬官和他们的文化，也正因如此，中国的文采华章就更有了张力。

韩愈是唐代著名的贬官，看他“左迁至蓝关示侄孙湘”的诗：“一封朝奏九重天，夕贬潮阳路八千。欲为圣明除弊事，肯将衰朽惜残年。云横秦岭家何在，雪拥蓝关马不前。知汝远来应有意，好收吾骨瘴江边。”贬官的心态在这首诗中一览无余。当然不能说韩愈的文学成就都是在受贬后取得的，但他相当数量的佳文不受贬那是决然写不出的。特别是《祭柳子厚文》，该文是为祭奠亡友柳子厚（柳宗元）写的祭文，韩愈在这篇祭文中极力称赞柳宗元文辞之美，对他才高而不用于世的遭遇表示不平，同时把自身郁积的愤懑和感慨发泄了出来。倘若没有相同的受贬经历，岂能相知如此之深？

柳宗元虽才高八斗，却一贬再贬，永州和柳州都是很不错的地方。可在当时，那可是瘴气和瘴病非常严重的地方。在古人的心目中，只有中原才是可以居住的，其他地方均为未开化的蛮夷之地，去那样的地方与送死并无两样，在这样的心态和交通颇为困难的条件下，没病也会紧张出病，这也加重了瘴气与瘴病说的可信度。这就是古代贬官所去之地今人大都觉得不错，而当时人都认为是一种极重处罚的原因所在。无法想象柳宗元如不遭贬，会在永州及柳州留下那样好的文字，无论岁月怎样流逝，只要翻阅柳文仍然会为其折腰。就是白居易不受贬也决然写不出《长恨歌》。文字能够如此穿越时空，恐怕是受贬者自己也没想到的。至于苏东坡，那更是一位让人牵挂的贬官，“诗案”改变了苏东坡的生活，以至后人才有幸读到《赤壁赋》这一类千古佳作。

不能说所有的贬官都是值得肯定和同情的，但却可以说贬官中的杰出者对我们这个民族的贡献委实难以估量，是他们引领了中国文学、艺术、哲学一次次攀上高峰。实际上贬官的基数是很大的，而能够在遭贬后豁达淡定者毕竟是少数。没人在意贬官者自己的感受，也很难真正理解贬官者的文字都揉进了自己的血和泪。

孟子说“达则兼济天下，穷则独善其身”（出自《孟子》尽心篇），说的是大丈夫得志时恩惠施于百姓；不得志时修养自身以显现于世。穷困时独善其身，显达时兼善天下。穷是指自己能力有限或者经济实力不足时，要把人格和修养提升到高于常人。达是指自己能力强了经济富裕时，要同时救济和帮助天下人。这段话也同样适用于贬官文化，大丈夫能伸能屈，不得志的人，应该在困境中磨炼和提升自己。孟子说过，“天将降大任于斯人也，必先苦其心志，劳其筋骨，饿其体肤，行拂乱其所为，所以动心忍心，曾益其所不能”。忍得屈辱和寂寞，才能最终成就大事。

谏者品读

高二（7）班：沈彦君

鲁隐公——内政无能，外交一流的国君

鲁隐公息是周公八世孙，鲁惠公与继室声子之子。成年后，父惠公为其娶于宋。然宋女至鲁后，父亲惠公见宋女美丽，于是自纳之，宋女是为仲子。不久仲子为惠公生下公子允，就是后来的鲁桓公。息和允二人的母亲都是陪嫁的“媵”，允的母亲仲子是右媵 ，地位仅次于嫡夫人，所以仲子地位比声子高贵。子以母贵，允虽然年幼然而地位尊贵，息虽然年长然而地位卑贱。但由于地位相似，所以息和允这种尊卑关系是隐秘的，鲁国人并不知晓。到惠公死时，息因年长而贤能，鲁国大夫们都举荐他，并要立他为国君。因为允当时太幼小，在这种情况下息如果推辞，那么就不知道允将来是否一定能被立为国君；如果允被立为国君，息又担心大夫们不能很好地辅佐年幼的国君，所以息只好代替允上台执政，息是为了立允才做国君的。

鲁隐公作为春秋初期郑庄小霸时期的君主，能准确把握外交政策，中后期与郑，齐结盟，对持宋卫陈蔡，是非常精明的，这一政策亦为后继者鲁桓公所沿用，他对周边小国采取和睦政策，也有一定效果。但在内政上他软弱无能，他对桓公颇有君子之风，但又贪图权位，陷入两难境地，最终不得其死，实在是可悲可叹。

宫之奇——明于料事，远见卓识，忠心耿耿

晋国将“屈产之乘”与“垂棘之璧”送给虞君，请求借道伐虢。宫之奇识破了晋国的阴谋，深知晋献公送良马、宝玉是“将欲取之，必先予之”，故极力劝谏虞君，不能借道给晋军。但虞君贪财好利，接受了晋国的名马宝玉，借道与晋，还请求派兵为晋军充当先头部队。这年夏天，晋派里克、荀息率军会合虞师攻打虢国，占领了虢国的下阳（今山西省平陆县北）。晋献公二十二年（前655年）晋国又向虞国假道伐虢，宫之奇对虞君说：“虢，虞之表也；虢亡，虞必从之。晋不可启，寇不可玩”。又说：“虞之与虢，唇之与齿，唇亡则齿寒。”劝说虞君联虢抗晋。虞君不听，再次借道给晋。宫之奇预料虞国将亡，便带领他的族人离开了虞国。果然，就在这年冬天，晋军灭亡虢国后，凯旋回师，将晋军驻扎在虞国，然后乘其不备，发起突然袭击，轻而易举地将虞国灭亡，虞君及大夫百里奚被俘。

春秋时期，各国间的战争频繁，当时的虞国是一个小侯国，就在现今的平陆县，它面临的是北方大国——晋国的侵略威胁，但晋国却无法实现其吞并的

野心，其主要的原因是虞国有一些精明干练的政治家，其中首推宫之奇，他辅佐虞君推荐百里奚为中大夫，参与朝政，对外采取了联虢拒晋的政策，国势日益强大。

祭公——远见卓识的政治家、改革家、军事家

《崔东壁先生遗书》已指出《史记·周本纪》之误，认为“古公亶父”之“古”是“昔”之义。孙作云先生考证：“`公亶父”不能称为“古公亶父”，或“古公”。《诗经》四字一句，故在公亶父，前加一“古”字，以足其文。司马迁不察，在《史记·周本纪》中一再日“古公亶父”或“古公”，这是不对的。顾颉刚先生《上古史讲义·周人的崛起》中注释曰：“古”，与《尚书》的“旧者稽古”相同，是说远古的意思，不是人名，人名只有三个字，即“公亶父”是周人开国始祖，所以诗才称“绵绵瓜瓞，民之初生”，决不会从中间的太王讲起，公亶父与周太王为二人。谭戒甫先生亦认为古公亶父、太王亶父是二人，一前一后含。王玉哲先生认为：关于古公亶父的史料太贫乏，截止到现在这个问题还难以定论，上面这些说法可以并存，以待博闻。杨宽先生认为：公亶父如同公刘、公非、公叔祖类一样，以“公”为尊称。《史记》称为“古公亶父”是不对的，《诗经》四字一句，前加“古”字，是“昔”的意思。崔述《丰镐考信录》卷一称他为太王，是出于文王称主以后的追述。此论与孙作云先生之说相斌应以“公亶父’幸说为确。至于“公亶父”“周太王”或“太王亶父”为一前一后的二人之说，显然不妥，应是亶父的不同称谓，无可怀疑。

申胥——远见卓识和忠心为国

吴王夫差接受越国议和，而申胥看穿了越国在求和幌子下所掩藏的消耗吴国综合国力的包藏祸心，建议应该一举消灭。申胥对于吴、越双方的国情、君情、民情以及吴越关系，都分析的特别到位。无奈，夫差刚愎自用，不肯听谏，最后灭国丧身。本文采用了对比和映衬的写法，夫差和申胥是一对对比，夫差和勾践也是一对对比。

秦穆公——雄心勃勃

秦穆公继位后任用百里奚、蹇叔、由余为谋臣，击败晋国，俘晋惠公，灭梁国、芮国、滑国等。秦穆公曾协助晋文公回到晋国夺取君位，以实现秦晋之好。晋文公死后，联盟瓦解，秦晋对抗；秦穆公本欲东进，到中原完成霸业。后分别在前627年崤之战和前625年彭衙之战（今陕西白水东北）中两次被晋军击败，三将被俘，秦军全军覆没，秦东进的路自此被晋牢牢地扼住。

秦穆公于是掉头向西发展。他用计将从晋国投奔到戎人的由余招来作谋士。秦国根据由余的计划，逐渐灭掉西方戎人所建立的国家12个（有说20个）。秦穆公对戎人的胜利，周王特加祝贺，并赐金鼓，希望他擂鼓继续向戎人进攻；秦穆公于周襄王时出兵攻打函谷关以西的国家，开辟国土千余里，因而周襄王任命他为西方诸侯之伯，遂称霸西戎，为日后秦统一中国奠定了基石。

司马相如——富有道家思想与神仙色彩

司马相如掌握了辞赋创作的审美规律，并通过自己的辞赋创作实践和有关辞赋创作的论述，对辞赋创作的审美创作与表现过程进行了不少探索，看似只言片语，但与其具体赋作中所表露出的美学思想相结合，仍可看出他对赋的不少见解。他已经比较完整地提出了自己的辞赋创作主张。从现代美学的领域，对其辞赋美学思想进行阐释，是有益的和必要的。由于受到道家思想的深刻影响，司马相如的辞赋呈现出了斑斓多姿的艺术风貌，从而获得了经久不息的艺术魅力。两汉赋作家中，以司马相如成就最高，其大赋甚至成为汉大赋创作的范式，故研究司马相如辞赋创作的特点，对研究汉赋乃至整个汉代文学，都有着深远的意义。

附　录

附录 1

广州市第十六中学“悦读经典课程”简介

语文科：梁秋燕

一、课程目标

（1）培养“尚真”的校风、教风和学风。让师生养成“读好书，好读书，读整本书”的良好行为习惯，从而提升自身修养。

（2）全面提高学生的语文素养，充分发挥语文课程的育人功能。培养学生的“求真”的人文素养和科学精神，促进学生的全面发展、个性成长。

（3）希望有助于让越来越多的学生养成热爱阅读经典、享受阅读经典的习惯，并从阅读中找到“真我”；还有助于改变“阅读就是课外的事、阅读浪费时间、阅读效果很难立竿见影”等陈旧观念，实现经典阅读的有序化、常态化局面。

（4）研读经典，传承优秀文化，丰富精神世界，提高人文素养，努力培养“尚真、求真、行真”品质的“至真”之人。

二、课程安排（高中三年）

高中三年的语文课程安排如表 29 所示。

表 29　高中三年的语文课程安排

学段	目标	内容	策略（设计）	成果
高一年级	培养学生广泛的阅读兴趣，提高文化品位的能力	主要阅读国内外古今经典小说，分析和欣赏小说的鉴赏的能力	每周开设固定的阅读课 教师导读 学生推荐 读书分享会 专家讲座 课本剧表演 市名著阅读大赛	学生好书（文学、科学、历史、哲学、艺术、社科、博物、艺术）推荐语集子； 精彩点评小论文（精彩摘抄，人物分析，情节剖析，主题探索，环境鉴赏），微信公众号展现； 课本剧展示
高二年级	引导学生关注生活，培养学生深度生活与思考社会现象的能力	研读经典散文，包括叙述性的散文和议论性的散文，鉴赏我国现当代经典论述类文章	每周开设固定的阅读课 时事分享 大城小仪 与记者面对面谈时事 市征文大赛	同样的时事，不同角度的时评合集；（三员议事） 学生每天 5 分钟时事分享，集合成素材集子
高三年级	提升学生文学鉴赏能力和文学创作能力	主要研读经典诗歌，尝试鉴赏创作学，初步读通读懂诗歌的艺术价值	每周开设固定的阅读课 文化专题讲座 诗歌创作 诗歌朗诵 三行情诗比赛	学生诗歌创作集子 三行情书优秀作品展示

三、课程实施（以高一年级为例）

《悦读经典》特色课程遵循共同基础与多样选择相统一的原则，构建开放、有序的语文阅读课程。为了实现“共同基础”和“多样选择”的高效统一，分为普修和专修两个层次。普修课面向全体高中学生，专修课是基础层次的提升课程，面向兴趣生和相关取向的特长生，学生可以根据兴趣和需求选修。

（一）理论课

《悦读经典》理论课如表 30 所示。

表 30 《悦读经典》理论课

体现君武特色	课程内容	参与班级	开展形式	具体成果
寻觅真我	走进经典	专修＋普及	教师推荐篇目 专家郑州明进行《经典与写作》讲座	公众微信号“我爱阅读”进行经典书目的推荐 制作了海报
解读真情	走进诗经	专修	教师讲授 布置写作任务	学生作品集子《最美不过诗经》 公众微信号“我爱阅读”进行作品选登
了解真知	走进楚辞	专修	教师讲授	学生作品《穿越千年，我想对屈原说》
	走进论语	专修	教师讲授	
	走进庄子	专修	教师讲授	
	走进苏轼	专修＋普及	教师讲授 阅读林语堂《东坡传》、余秋雨《东坡突围》	学生读后感，并发表在微信公众号
	走进呐喊	专修	教师讲授 播放视频《品读》鲁迅	堂上共读一本书 写作读后感

续表

体现君武特色	课程内容	参与班级	开展形式	具体成果
读懂艺术的真实	走进三国	专修 + 普及	暑假布置读书任务 专家马将伟进行《三国的艺术世界》讲座 阅读课进行导读	制作了海报
解读真实人生	走进围城	专修	观看视频《品读围城》 专家李俏梅进行《智者的微笑》的专题讲座	学生进行读后感写作 制作了海报
	走进巴黎圣母院	专修	观看《巴黎圣母院》电影 专家王凤霞进行《走进巴黎圣母院》的专题讲座	学生进行读后感的写作

（二）实践活动课

《悦读经典》实践活动课如表 22 所示。

表 22 《悦读经典》实践活动课

体现君武特色	课程内容	参与班级	活动形式	活动地点	具体成果
寻觅真我	走进经典	专修 + 普及	学生进行演讲稿写作 学生进行演讲比赛	各班课室	学生作品集子《名字的故事》
读懂艺术的真实	走进三国	专修 + 普及	学生选择《三国》中的“人物”或“情节”或“歇后语成语”等的小组展示	各班课室	学生在暑假制作作品集子《牵引我前进的一双手》 全年级选出优秀作品集并公布名单，制作展板并在微信平台公布

续表

体现君武特色	课程内容	参与班级	活动形式	活动地点	具体成果
表现真我		专修＋普及	经典我来演，学生进行《孔雀东南飞》的课本剧表演	礼堂	学生剧本 学生剧照
		专修＋普及	好书漂流活动，学生将自己喜欢的书进行推荐，并放在图书角进行分享	各班课室	学生好书推荐的 PPT

四、课程效果

（一）学生的成长

（1）全面提高学生的语文素养，充分发挥语文课程的育人功能。培养学生的高尚情操、人文素养、科学精神、创新能力，促进学生的全面发展、个性成长。有助于让越来越多的学生养成热爱阅读经典、享受阅读经典的习惯，并从阅读中逐渐找到“真我”。

（2）有多人积极参加“2015 年广州市中小学生经典阅读书目征文活动”投稿参赛。

（3）学生在“阅读—展示”的“行真”过程中，寻觅到自己的潜能，并开始逐渐形成阅读的兴趣；在专家讲座的过程中，接触到更高层面的解读，带来全新的认识，是对视野极好的拓展。

（4）学生的作品分别在班刊、校刊等地方展示，自信心也得到了很大的提升；其中先后有邓璐晶等 20 位同学在报刊上发表文章。

（5）先后有刘璇、石裕桦等十多位同学在广州市名著阅读大赛上获奖，并有陈楚岚、张颖津两位同学在全国第十五届新世界杯中获奖。

【附】学生成长感悟摘录

黄文希同学：

经过一个学期的君武课学习，我得到了许多。首先我们在班里开展了许多特色课程，如好书推荐，介绍《三国演义》，我觉得这种PPT+演讲的方式来介绍一本书能让人更感兴趣，找到了“真乐趣”。

接着是一月一次的讲座。教授们跟我们分析了书中的精彩内容，还给我们分享了他们的真知灼见，带着我们去进一步剖析人物内心与情节，使我们对书有另一种全新的体会，帮助我们更深一步地读懂真正的艺术。另外，他们还教了我们一些阅读经典名著的方法，使我们获益良多。其实名著并不难读，只要慢慢读下去，你就能沉浸其中，享受其间的真乐趣。

冯欣同学：

从罗贯中的《三国演义》、钱锺书的《围城》、雨果的《巴黎圣母院》，从古代经典到现代小说再到外国名著……这一学期的语文经典阅读课程让我真正遨游在阅读的海洋，穿梭在书本的世界中，感受了三国真实的战火纷飞，领悟了方鸿渐的“围城”人生真正困境，看到了卡西莫多的纯真的爱。 原本看书只是囫囵吞枣的我，很庆幸得到这难得的机会，学习如何去细读一本名著，真正体会作者的创作，感受魅力与精髓所在。

彭小斐同学：

刚开始听到《诗经》的名字时，我的心中只想：又是背来考试的古诗吧！但高中开学后，我在语文君武课课堂上第一次真正认识了《诗经》，了解了《诗经》，领略到《诗经》的美。

轻轻的语气，缓缓的句调，淡淡的文字，静静的美好……《诗经》没有宏伟的气势，没有华丽的辞藻，甚至连每一首诗的作者都不得而知，但这部中国史上的第一部诗歌总集却能在时光变迁中流传下来，正是因为它触碰着古今几千年来中国人的心底最深处，那里蕴含着中华文化中最真挚最纯粹的美好与爱。

经过君武课程的学习，《诗经》对我而言不再只是一本诗歌合集，这部经典让我明白，原来文字可以很美，古诗可以很美，语文可以很美，生活可以很美。

春水初生，春林初盛，春风十里，不如《诗经》

何平同学：

当我第一次翻开语文课文《离骚》时，我就感到，这篇文言文不一般。它，有着比普通的文言文更为晦涩的含义和更多生字。不看注释的话，我连读都无法将它读出来。于是，一开始，我对《离骚》是有点排斥心理的。楚辞的代表作？哼，看不懂的就不是什么好东西！

直到上了君武课程，我才发现，原来一篇看起来如此枯燥的古文，还是挺有趣的，充满圣贤的真知。屈原把国家和国君当作美女一般热爱，在自己身上插满各种各样的香草，且不论《离骚》在文学上的意义，光是这样看就挺神奇的。我开始尝试理解《离骚》的内容。慢慢地读着，读着，我开始饶有兴味地发掘《离骚》，直至楚辞背后的东西。

（二）家长反馈

【附】“体会父母的真爱”阅读活动后家长感言摘录

《父母的罗曼史》高一（2）邹颖欣家长评语：

这是难得的一次孩子与父母互相真正了解的机会。毕竟我们的时代与孩子的时代不一样，和孩子的这次交流能让她更好地了解我们那个年代的交往方式和生活方式，深入的理解爱，实践爱。我想，通过这次写作孩子应该能对爱有不同的理解和感受。

《我父母的爱情故事》高一（4）利俊安家长评语：

这次作文的题目很让我眼前一亮。其实孩子也不用很久就会踏入那种时期了，跟孩子说了这个故事后，他的感触也很深，后来我们也很少见地相互交流了很久。感谢刘老师的这次机会，让平时不常和我沟通的孩子也开始了主动和我沟通，虽然可能只是为了完成这次作文，不过同时也让我了解了孩子许多的想法，这次作文很有意义。

《我父母的爱情故事》高一（4）喻琦骏家长评语：

老师，您这次习作的题目很有创意，同时也很有意义，刚开始孩子给我看这题目的时候我也觉得有点诧异。不过细想之后发现其实这题目很有意义。因为孩子迟早也会步入爱情，就正如文章里所说的要做到迁就，包容，忍让，才能执子之手，与子偕老，这才是真正的爱情。最后祝刘老师您事业进步，阖家幸福！

《不离不弃 生死相依》高一（4）何浩燊家长点评：

在这次我与他的交流中，他感受了我父母那个年代的爱情，明白世间还是有许多纯真无瑕的爱情的。让他刷新了对爱情的定义，也拉近了我们几代人之间的距离。因为平时我工作忙，孩子学业繁忙，很少有这样交谈的机会，这次我们父子间有了这样一个沟通的机会，感谢老师布置了这样一个有意义的作业。

（三）教师的成长

（1）教师有引导学生求真、传承优秀文化之责，还有助于改变“阅读就是课外的事、阅读浪费时间、阅读效果很难立竿见影”等陈旧观念，实现经典阅读的有序化、常态化局面。

（2）语文科刘虹、梁秋燕等多位老师均获得广东省南国书香征文比赛优秀指导老师奖、广州市名著阅读大赛优秀指导老师奖；其中梁秋燕老师入选2015年广州市中小学阅读种子教师培养对象，受邀参加了11月20日隆重举行了广州市中小学经典阅读推荐书目发布会，并在2015年12月28日广州市中小学阅读种子教师培养对象总结大会上进行《经典悦读，正在行动》的发言，并与广州教研院谭建文老师、北大语文教研所的蔡可博士和北京景山中学的周群特级教师进行了经验交流。这也是教师自我的真正成长。

（3）经典阅读特色课程的开展，既是语文科对过往开展经验的总结，更是对现有课程的一次科学重整，集高一高二老师的集体智慧出版《悦读》校本课程读本以及活动方案集本，并将近几年学生优秀作品集合成《这些年，我们一起读过的书》。让教师与学生一起在“求真”的过程中找到了“真我”的价值。

【附】教师感言摘录

梁秋燕老师：

曾读过日本管理大师大前研一有一本著作叫《低智商社会》，他在书中说：在中国旅行时发现，城市遍街都是按摩店，而书店却寥寥无几，中国人均每天读书不足15分钟，人均阅读量只有日本的几十分之一，中国是典型的“低智商国家”，未来毫无希望成为发达国家！也许此言论不能说全对，但还是十分震撼，阅读课程的开展刻不容缓，而且每个语文教师都有义不容辞的责任。

那究竟应该引导孩子们读什么呢？我认为应该读经典。我偶然读到日本的山本玄绛禅师在龙泽寺讲经，说：“一切诸经，皆不过是敲门砖，是要敲开门，唤出其中的人来，此人即是你自己。”我则想借它来说明在阅读经典的过程中，读者的角色与经典一样重要。阅读古往今来的经典，除了应当虔敬地学习它的道理、它的论题、它的词采，还要进行一种密切的对话。对话的对象可以是永恒的真理，也可能是其他的东西。无论如何，在与经典密切对话的过程中，读者不断地“生发”出对自己所关怀的问题具有新意义的东西来。经典之所以历久不衰，往往是提供了对话与创造的丰富资源。阅读经典一方面是要“照着讲”，同时也要“接着讲”（冯友兰）。不管“照着讲”或“接着讲”，最后“是要敲开门，唤出其中的人来，此人即是你自己”。所以，经典阅读的教学就是教学生在阅读中找到真正的自己。

由此看来，阅读经典的君武课程的开设，帮助学生在经典阅读中寻觅真我，我觉得我们都在做着一件十分有意义的事情。

朱琳老师：

英国著名的哲学家、文学家培根说的：读史使人明智，读诗使人灵秀，数学使人周密，科学使人深刻 ...... 凡有所学，皆成性格。所以开展“阅读经典”这一课程，要引导学生明白一个道理：阅的是书，读的是整个世界。真心爱书，做个真人，追求真知，增长智慧。

传记真实可靠，符合历史事实，对人物的记述也要“求真”，也就是坚持实事求是的科学态度，不隐恶扬善，不拔高溢美，不贬责降低，据事“直书”，做到人真、事真、言真、情真、形象真，以真取信，以真感人，以德树人。阅读名人传记能与大师携手同游，可以求得真知，启迪智慧，提高语文能力和人文素养。既是向书本学习，又可以了解传主成功的人生经历，不仅可以丰富历史、文学知识，而且对激发人的志气，培养健康的人格，增强克服困难与挫折的勇气，增长应事接物的智慧，提高写作水平，都会有一定的借鉴启迪作用。

梁薇子老师：

倾听圣贤之真知，坚守吾志

品论艺术之真实，荡涤吾心

剖析社会之真态，澄净吾眼

还原生活之真貌，重塑吾境
解读人性之真美，熔铸吾情
直面生存真困境，启迪吾智

（四）社会效应

我校开展的名著经典阅读活动有声有色，刘虹、梁秋燕老师均先后在广州市教研会上进行了专题发言，《师道》杂志还特意采访了刘虹老师，发表了《名著这样读：读、赏、品、演、写、考》的专题文章。

君武课程·经典悦读的微信公众账号已逐渐得到越来越多人的关注，其中还包括了信息时报等媒体记者，产生了真正的效应，并且硕果累累，如表32所示。

表32　名著经典阅读活动的社会效应

序号	形式	数量	内容
1	论文	3	《广东教育》《语文月刊》《课外语文》
2	课例	3	教育部"一师一优课、一课一名师"活动中被评为"部级优课"
3	讲座	3	广州市《以活动之真促阅读之深》专题讲座；全国高中语文课程标准教学观摩研讨会上做了"高中阶段整本书阅读序列化研究"的专题发言；广州市进行了《任务驱动——谈谈我对学习任务群的思考》
4	获奖	5	广州市高中语文名著阅读教学一等奖
5	微课	2	《做批注的方法》《如何为传主写小传》

附录 2

“高中阶段学生经典阅读的序列化研究”课题成果

“高中阶段学生经典阅读的序列化研究”课题成果如表 33 所示。

表 33 “高中阶段学生经典阅读的序列化研究”课题成果

序	姓名	名称	形式	具体内容
1	梁秋燕	高中阶段学生经典阅读的序列化研究	结题报告	广州市第十六中学，2015—2018 年，高中三个年级研究使用
2	梁秋燕	基于项目学习的高中阶段经典阅读教学	论文	广东教育，2018 年第 4 期第 41 页
3	梁秋燕	旷野中的一声呐喊	论文	课外语文，2018 年第 5 期第 189 页
4	刘　虹 张　迎	高中语文整本书阅读策略选择——以《李鸿章传》阅读为例	论文	语文月刊，2018 年第 6 期第 49-51 页
5	梁秋燕	《以活动之真促阅读之深》专题讲座	讲座	全市高一语文教师，广州 6 中，2016 年 5 月
6	梁秋燕	《高中阶段学生经典阅读的序列化研究》	专题讲座	2018 年全国高中语文课程标准教学观摩研讨会，珠江宾馆，2018 年 12 月 29 日
7	梁薇子	课例：《“赞”“弹”“改”》读书活动	课例	在教育部 2015—2016 年度“一师一优课、一课一名师”活动中被评为“部级优课”，2016 年 4 月

序	姓名	名称	形式	具体内容
8	张　迎	课例:《千古名言　智慧渊薮——〈论语〉和〈孟子〉》	课例	在教育部2016—2017年度“一师一优课、一课一名师”活动中评为部级“优课”，2017年4月
9	张迎嘉	课例:唐诗大会暨《唐诗三百首》整本书阅读活动课	课例	在教育部2016—2017年度“一师一优课、一课一名师”活动中评为部级“优课”，2017年4月
10	梁秋燕	“十六经典悦读”微信公众号	公众号	微信公众号：gz16wayd
11	阳玉莹 张　迎	做批注的方法 & 如何为传主写小传	微课	
12	梁秋燕	《围城》活动方案设计	奖励	获广州市高中语文名著阅读教学活动方案一等奖，2016年8月
13	梁秋燕	学生作品集《最美不过诗经》	奖励	获广州市中学语文教学研究会教学成果一等奖，2016年5月
14	刘　虹 张　迎	《李鸿章传》教学活动方案	奖励	获广州市高中语文名著阅读活动一等奖，2017年5月
15	张迎嘉	《大数据时代》教学活动方案	奖励	获广州市高中语文名著阅读（师生共读）活动教学活动方案一等奖，2017年8月
16	刘　虹	《唐宋词简释》教学活动设计	奖励	广州市高中古诗文、传记阅读（师生同读书）活动获一等奖，2016年8月